KB200725

조정민의 답답답 2

조정민의 답답답 2

지은이 · 조정민
초판 발행 · 2023. 5. 24
8쇄 발행 · 2024. 12. 30
등록번호 · 제1988-000080호
등록된 곳 · 서울특별시 용산구 서빙고로65길 38
발행처 · 사단법인 두란노서원
영업부 · 2078-3333 FAX 080-749-3705
출판부 · 2078-3331

책 값은 뒤표지에 있습니다.
ISBN 978-89-531-4482-8 04230
978-89-531-4323-4 04230(set)

독자의 의견을 기다립니다.
tpress@duranno.com http://www.Duranno.com

두란노서원은 바울 사도가 3차 전도여행 때 에베소에서 성령 받은 제자들을 따로 세워 하나님의 말씀으로 양육하던 장소입니다. 사도행전 19장 8-20절의 정신에 따라 첫째 목회자를 돕는 사역과 평신도를 훈련시키는 사역, 둘째 세계선교(TIM)와 문서선교(단행본·잡지) 사역, 셋째 예수문화 및 경배와 찬양 사역, 그리고 가정 · 상담 사역 등을 감당하고 있습니다. 1980년 12월 22일에 창립된 두란노서원은 주님 오실 때까지 이 사역들을 계속할 것입니다.

메마른 세상에서 깊은 사랑으로 살기

조정민의 답답답 2

조정민 지음

두란노

차례

2 힘든 상황에 있는 사람에게

두려움/고난/갈등/중독

3 어떻게 하면 잘 살 수 있을까요?

돈/꿈/삶의 태도/직장생활

4 내 배우자가 맞을까요?

연애/결혼/부부관계/가정

5 잘 믿고 싶어요

믿음/공동체/신앙생활/성경

6 성숙의 길을 알려 주세요

자기 부인/성령/예수님의 제자

7 예수님을 어떻게 전해야 할까요?

복음/구원/십자가

프롤로그

세상에는 정답이 없습니다. 그러나 성경에는 있습니다. 자동차를 만든 이가 자동차를 소상하게 알듯이 인간을 지으신 이가 인간을 잘 알기 때문입니다. 자동차는 정비소에 가야 고장 난 것을 수리할 수 있듯이 죄로 일그러진 인간은 하나님께로 가야 회복이 됩니다. 교회는 하나님이 이 땅에 세우신 죄인 전용 병원입니다. 예수님은 의인을 부르러 오시지 않았으며, 모든 것을 갖춘 사람들을 찾아가지 않으셨습니다. 예수님께서 공생애 동안 숱한 기적을 베푸셨을 때 요한은 이 기적들을 표적이라 불렀습니다. 그분이 누구신지를 드러내는 표적인 것입니다. 《답답답》은 그분의 표적을 기록한 성경을 오늘날 우리가 일상에서 사용하는 언어로 풀어 쓰는 일의 일부입니다.

두 번째 《답답답》을 정리하면서 마음 한 켠에 이런 생각이 고개를 들었습니다. '과연 제대로 풀어 쓴 것일까?' '쉽게 풀어 쓴다고 애쓰다 혹여 그분의 본질을 놓친 부분은 없을까?' 예수님은 누군가를 실족케 하는 종교인들에게 차마 듣기 민망한 말씀을 하셨습니다. 그만큼 인간의 신앙적 답답함을 풀어 주기는커녕 거기에 더 무거운 돌로 짓누르는 종교인들에게 크게 분노하셨던 까닭입니다.

이 시대 교회는 어떻습니까? 왜 교회에서 상처받았다는 사람은 이토록 많으며, 교회를 떠나거나 교회를 전전하는 형제자매들은 또 왜 이렇게 많을까요? 왜 교회는 시대의 고통과 아픔과 의문에 제대로 대답하지 못하는 것일까요? 이런저런 경로로 대답을 들어 보지만 그럴수록 왜 무거운 돌에 짓눌리듯 답답하기만 할까요?

풀리지 않는 의문을 갖고 신앙생활을 계속하기란 힘겨운 일입니다. 두 번째 《답답답》은 성경에서 그 의문에 대한 답을 함께 찾아가는 노력의 흔적입니다. 그러나 이 책을 읽어도 여전히 답답한 마음이 시원해지지 않을 수 있습니다. 만일 그렇다면 성경의 미흡함 때문이 아니라 전적으로 저자의 부족함 때문입니다.

《답답답》은 베이직교회의 '아름다운 동행' 예배 때 나눈 질문과 답변을 발췌한 것인 만큼 안신기 목사님의 도움이 없었다면 이번 책도 빛을 보기 어려웠을 것입니다. 이정아 전도사님의 꼼꼼한 원고 교정도 큰 힘이 되었습니다. 언제나 그렇듯 두란노 가족들은 변함없이 전심을 다해주었습니다. 사람이 미처 보상해 주지 못하는 수고를 주님께서 낱낱이 기억하실 것입니다.

코비드 19 엔데믹이 선언된 2023년 5월에

조정민

1장

하나님의 뜻이 궁금해요

_ 분별
_ 기도
_ 친밀함

선택과 결정을 앞두고

● 선택의 기로에서 하나님의 뜻이 아닌 선택을 할까 봐 두렵습니다. 만약 잘못된 선택을 하면, 하나님이 함께하시지 않거니와 저주를 받을까요?

▲ 성경은 하나님의 뜻이 기록된 말씀입니다. 성경을 읽으면 읽을수록 하나님의 뜻은 분명합니다. "나는 여호와 너희의 하나님이라 내가 거룩하니 너희도 몸을 구별하여 거룩하라"(레 11:44) 하셨고, 호세아를 통해 "우리가 여호와를 알자 힘써 여호와를 알자"(호 6:3)고 백성을 부르십니다. 예수님은 제자들을 부르시며 "나를 따라오라 내가 너희를 사람을 낚는 어부가 되게 하리라"(마 4:19) 하셨고, 바울을 통해서는 "항상 기뻐하라 쉬지 말고 기도하라 범사에 감사하라"(살전 5:16-18)고 말씀해주셨습니다. 이것이 하나님의 뜻입니다.

그런데 우리는 이 집으로 이사 갈까요, 저 집으로 이사 갈까요 이런 질문을 합니다. 형편대로 가면 됩니다. 형편이 안 되는 집을 갈 수는 없는 일이지요. 직장에서 멀더라도 살기 편하면 그 집으로 갈 수도 있고, 원하는 것보다 좁지만 직장에서 가까운 편이 우선이면 그리로 가면 됩니다. 또 무엇보다 섬기는 교회가 최우선이면 그 기준으로 주거지를 선택할 수 있습니다. 내가 어떤 기준을 가지고 선택하는지만 분명히 하면 이런 문제는 간단합니다.

하나님의 뜻을 묻는 까닭은 하나님을 위해 묻는 것이지 나를 위해 묻는 것이 아닙니다. 내가 하나님보다 더 중요해서가 아니라 하나님이 나보다 더 중요해서 하나님의 뜻을 물어야 합니다. 내가 잘되기 위해서, 내가 복을 받기 위해서 끊임없이 신의 뜻을 묻는 것이 이방 종교의 목적입니다. 오늘날 기독교가 세상의 빛으로, 소금으로 역할하지 못하는 이유가 이 때문입니다. 예수의 도를 따른다 하면서 실상은 우상을 따르니까 세상에 아무런 영향력도 갖지 못하는 겁니다.

예를 들면 내 뜻은 지금 골프 치러 가는 거예요. 하지만 그 뜻을 꺾고 예배의 자리에 앉습니다. 내 뜻은 번듯한 교회 건물 하나 갖는 거예요. 남의 건물에서 예배드리고 싶지 않아요. 하지만 내 뜻을 꺾고 불편하지만 건물을 소유하지 않기로 결정합니다. 하나님의 뜻에 걸음을 맞출 때 대부분 고생스럽습니다. 때문에 우리가 하나님의 뜻을 계속 묻는 이유는 편하고 쉬운 길을 가기 위해서일 때가 많습니다.

내 뜻에 하나님이 맞춰 주기를 원하니까 묻고 또 묻는 겁니다. "이 사람과 결혼하는 것이 하나님 뜻입니까?" 하는데 먼저 상대방에게 결혼 의사가 있는지 확인해야 하는 것 아닙니까? 하나님의 뜻이 분명하다는 생각이 들면 만약 상대가 끝까지 반대해도 강제로 결혼할 겁니까? 결혼식 주례를 부탁하러 오는 커플을 보면 간혹 얼마 못 갈 것 같은 커플이 있습니다. 제가 그렇게 말하면 그들이 들을까요? 안 듣습니다. 그런데 어떻게 만나게 됐냐고 물으면 하나님이 만나게 해주셨다고 대답해요. 어떻게 그런 판단을 하게 됐는지 모르겠습니다.

Q　하나님의 뜻에 따라 선택하지 않으면 어떻게 될까요?

▲　다윗이 사울왕에게 쫓길 때 이스라엘 땅을 떠나기로 결심하고 블레셋 땅으로 넘어갔습니다. 하지만 하나님께 그 여부를 묻지 않았습니다. 하나님께서 안 된다고 하실 줄 알았으니까요. 그 결과는 참담했습니다. 죽을 뻔했고 톡톡히 망신을 당했습니다. 하지만 하나님은 다윗을 버리시지 않았습니다. 다윗이 다시 돌이켜 하나님의 길로 가도록 인도하셨습니다. 다만 다윗이 다시 하나님의 길로 돌이킬 때까지 겪지 않을 수 있었던 고생을 했습니다. 중요한 사실은 이 고생은

저주받은 것이 아니라 교훈을 얻은 사건이라는 것입니다. 믿음 안에서 겪은 고난이기 때문입니다.

하나님의 뜻을 따라 결혼을 하고 직장을 선택하면 훨씬 덜 고생합니다. 내 뜻을 고집한 끝에 겪게 되는 뜻밖의 고통을 피할 수 있습니다. 그러니 내 뜻을 미리 세워 놓고 그것을 관철하기 위해 고집하지 마십시오. 어떻게든 내 뜻을 이루고 싶어서 하나님의 뜻을 묻는 어리석은 짓은 하지 않는 편이 낫습니다. 하나님은 성경 전체를 통해 하나님의 뜻을 분명하게 말씀하십니다.

예수님이 가르쳐 주신 주기도문에는 내 뜻을 구하는 기도가 없습니다. 이 기도의 핵심은 "하늘의 뜻이 이루어지게 하소서"입니다. 이 한 문장에 우리가 드리는 모든 기도의 방향이 선명하게 드러납니다. 그러니 우리는 어떤 기도를 드리는 것이 마땅합니까? '제가 날마다 아버지의 뜻을 확인할 수 있도록 도와주십시오' '아버지의 뜻이라면 제가 어떤 상황에서도 불순종하지 않게 해주십시오' '아버지의 뜻을 붙들고 살아가는 기쁨을 날마다 맛보게 해주십시오' 이런 기도를 드리는 것이 자연스럽지 않겠습니까?

사실 많은 성도들의 기도가 이방 종교와 다르지 않게 된 데는 저 같은 목회자의 책임이 큽니다. 목회자들의 기도, 목회자들이 가르치는 기도, 온 교회가 합심해서 드리는 기도 중에 많은 부분이 하나님의 뜻과 하나님의 이름, 하나님의 나라와는 거리가 먼 것들이 얼마나 많은지 모릅니다. 그리고 날마다 일용할 영의 양식인 성경을 읽지 않고, 묵상하지 않고, 마음에 새기지 않고, 손과 발로 살아 내지 않으면서 드리는 기도가 얼마나 하나님의 뜻을 따른 기도가 되겠습니까? 또한 말씀을 스스로 떠먹지 않고 누가 떠먹여 주는 것만 먹는 성도, 때가 이르러 단단한 음식을 먹어야 함에도 불구하고 여전히 듣기 편한 말씀만 편식하고 듣기에 불편한 말씀은 외면해 버리는 성도들은 미숙한 신앙의 책임이 바로 자신에게 있다는 사실을 인정해야 합니다. 부디 하나님의 말씀을 매일 직접 먹고 그 먹은 말씀이 내 안에서 살아 움직이며 나를 강권하는 바른 기도를 하시기 바랍니다. 그 바른 기도는 반드시 바른 선택을 가리킬 것입니다.

하나님이 자꾸 내 길을 막으신다면?

Q 하나님께서 자꾸 하고자 하는 일을 막으십니다. 그래서 마음을 내려놓고 이끄시는 대로 가려고 하는데 순종이 아니라 순응하고 포기하게 돼요. 제가 실패자라는 생각에 무기력하고 공허합니다. 이것 또한 하나님의 뜻을 알아 가는 과정일까요? 제 삶의 주인이 아닌 저는 뭘 해야 할까요? 무언가 주체적으로 하기가 이제는 겁이 납니다. 올바른 열정이란 무엇일까요?

▲ 이런 경험은 흔히 겪는 일입니다. 이를 보편적으로 '광야의 시간'이라고 합니다. 뭘 해도 할 수 없는 것을 깨닫는 시간이죠. 골프를 치려면 힘 빼는 데만 3년이 걸린다고 합니다. 그런 다음 다시 힘을 주는 데 또 3년이 걸린다고 해요. 어떤 운동을 하든지 자기 힘을 뺀 뒤에야 그 운동에 맞는 리듬을 터득할 수 있습니다.

신앙생활도 마찬가지입니다. 예수 믿기 전에는 무엇이든 내 힘으로 하려고 합니다. 하지만 예수를 믿고 나서는 내 힘을 빼야 합니다. 내 인생의 주인이 내가 아니라 주님이라는 사실을 인정하고 그렇게 사는 것이 바로 힘을 빼는 일입니다. 이 힘을 빼는 일이 만만찮아서 우리는 이 과정을 고난이라고 여깁니다. 하지만 이 고난은 유익한 고난입니다. 내가 아니라 주님이 이끄시는 인생이 최고의 인생이기 때문입니다. 이것을 깨닫고 나면 이 고난에 감사하게 됩니다.

저는 47세에 주님이 내 인생의 주인이라는 사실을 인정하게 되었습니다. 보다 젊었을 때 이 사실을 깨닫고 인정했더라면 내 인생이 지금보다 훨씬 깊어지고 넓어졌을 텐데 하는 생각을 하기도 합니다. 예수 믿기 전의 저는 주어진 일을 죽기 살기로 하는 사람이었습니다. 그래서 일정 정도 성과도 냈지만, 그 과정에서 가족을 힘들게 하고 주변 사람에게 뜻하지 않은 피해를 주기도 했습니다.

내 힘으로 하는 일은 이렇게 불완전합니다. 하지만 하나님이 주시는 힘으로 하는 일은 선하고 아름답습니다. 더 이상 내 야망이 이뤄지는 게 중요하지 않습니다. 주님이 내 곁에 있게 하신 사람들과 소중한 관계를 만들어 가는 것, 여기에 집중하게 되지요. 모든 갈등은 내 곁의 사람이 얼마나 소중한 존재인지를 몰라서 생기는 것 아닙니까? 하나님은 절대로 실수하시지 않는 분입니다. 지금 내 옆에 있는 사람은 하나님이 그냥 두신 것이 아닙니다. 하나님의 계획 안에서 내 곁에 두신 사람입니다. 나를 힘들게 하는 사람이 있습니까? 그는 바로 하나님이 나를 깎기 위해서 두신 사람입니다.

'내 뜻'이 '하나님 뜻'이라 우기며 싸우는 그리스도인들

Q 믿는 사람끼리 다툼이나 갈등이 있을 때 해결보다는 결렬이 더 자주 일어납니다. 서로 자기가 기도해서 응답받은 것이라고 밀어붙입니다. 과연 누구의 주장이 하나님의 뜻인 걸까요?

▲ 다툼의 원인은 옳고 그름을 내가 분별하기 때문입니다. 둘 중 하나가 이 다툼이 옳지 않다는 걸 깨닫고 그걸 인정하면, 다툼은 그칠 수 있습니다. 그래서 사랑하는 사람이 지게 돼 있습니다. 사랑은 져 주기로 결정하는 것이기 때문입니다. 만일 그 다툼이 끝나지 않는다면 양쪽이 다 사랑 안에 있지 않다는 방증이 됩니다.

바울과 바나바도 싸웠습니다. 선교의 두 기둥이라 할 수 있는 사람들이 싸운 것입니다. 다투는 것 자체를 나쁘다고 생각하기 쉽지만, 생각이 다르고 성격이 다른 사람이 다투는 건 당연한 일입니다. 다만 그 다툼에는 '묶이는 다툼'이 있고 '풀리는 다툼'이 있습니다. 바울과 바나바는 의견 차이로 갈라서긴 했지만 그 다툼에 묶이지 않았습니다. '묶이는 다툼'이란 다툰 일로 미움과 증오의 갈등 구조 속에 빠지는 걸 말합니다. 도무지 출구가 보이지 않는 지옥에 빠지는 겁니다.

바울과 바나바는 서로 다른 선교의 길을 갔을지언정 서로를 존중하고 격려했습니다. 다툼에 묶이지 않았습니다.

'풀리는 다툼'은 상대를 이해하는 것에서 출발합니다. 역지사지입니다. '그가 화를 낸 데는 그만한 이유가 있겠지' '사실 내가 말을 좀 심하게 했어' 이렇게 상대 입장에서 생각할 때 내가 보이고 상대가 보이면서 묶이는 다툼에서 빠져나올 수 있습니다. 풀리는 다툼을 하면 상대를 더 깊이 이해하게 되고 더 성숙한 관계로 발전할 수 있습니다. 아이들은 싸우면서 성장합니다. 그런데 어른들은 어째서 싸우면서 성장하지 못하고 더 이기적인 고집불통이 되는지 모르겠습니다.

자기 생각을 하나님의 뜻이라고 주장하는 건 더 심각한 상황입니다. 묶이는 다툼을 한다는 건 그 안에 사랑이 없다는 것이고, 그건 그가 하나님 안에 있지 않다는 증거입니다. 그러면서 하나님을 이용하고 방패 삼아 어떡하든 싸움을 이기고 싶어 하는 겁니다. 제가 《하나님의 뜻은 무엇인가?》라는 책에서 이야기했듯이, 하나님의 뜻은 '거룩하라, 돌이키라, 나를 알라, 사랑하라, 하나 되라, 기뻐하라, 기도하라, 감사하라, 증인되라'입니다. 만일 이 가르침에서 벗어나 있다면 하나님의 뜻과 상관없는 길을 가고 있는 것입니다.

하나님은 합력하여 선을 이루시는 분입니다. 우리의 다름을 이용해 열매를 풍성하게 만드십니다. 그런데 사람은 이 다름을 불편한 진실로 받아들입니다. 다툼의 재료로 이용합니다. 바울은 고린도 교회가 다툼이 생기자 세상 법정에까지 가져가서 시비를 가리는 모습을 보고 부끄럽다고 했습니다. 세상의 다툼을 선한 길로 인도해야 할 성도가 도리어 세상에 자기 문제를 가져가서 판단해 달라고 하는 것을 옳지 않다고 본 것입니다. 그러면서 형제간에 다툼이 있을 때 차라리 불의를 당하고 속는 게 낫다고 했습니다(고전 6:7). 한마디로 져주라는 겁니다.

오늘날 많은 교회가 다툼이 있을 때 교회를 쪼개서라도 자기 주장을 관철하려고 합니다. 세상 법정에 가져가서 시비를 가리려 합니다. 스스로 교회이기를 부정하는 모습입니다. 다른 종교보다 갈등을 해결하는 능력이 더 부족한 모습을 보입니다. 그래서야 주님 얼굴을 어떻게 뵙겠습니까?

열심히 기도해도 하나님이 침묵하실 때

Q 하나님의 뜻을 알고 싶어 기도하는데 아무리 기도해도 하나님께서는 침묵하십니다. 선지자나 선견자가 하나님의 뜻을 묻는 것처럼 예언하는 목사님들에게 하나님의 뜻을 물어도 되나요?

▲ 우리는 어떤 신령한 음성을 하나님의 말씀이라고 생각하는 것 같습니다. 아닙니다. 하나님께서는 끊임없이 어떤 메시지를 통해서 말씀을 전해 주십니다. 어떤 때는 이웃을 통해서, 어떤 때는 불신자를 통해서도 말씀을 주십니다. 그러니까 하나님께서 말씀하시지 않는 것이 아니라 우리가 하나님의 말씀을 못 알아듣는 겁니다.

저는 하나님의 음성을 분별하는 채널이 필요하다고 생각합니다. 첫째는 믿음의 선배들입니다. 하나님은 믿음의 선배들을 통해 말씀을 분별하도록 도움을 주십니다. 둘째, 꿈이나 환상을 통해 하나님의 뜻을 계시하십니다. 특히 복음이 전해지지 않은 곳에서 이런 증언을 전해 듣습니다. 셋째, 우리의 환경을 통해서 말씀하시기도 합니다. 가령, 지구온난화 같은 환경 문제나 재난을 통해서도 하나님의 음성을 분별할 수 있습니다. 넷째가 성경입니다. 기록된 하나님의 뜻이자 그 뜻을 분별할 수 있는 절대적 기준입니다. 이렇게 다양한 채널로 말씀하시는 하나님의 음성을 듣지 못하는 것은 죄 때문입니다. 죄가 채널을 교란시키거나 망가뜨려 놓는 것입니다. 그래서 성경은 회개하라고 말씀합니다. 회개하지 않으면 메시지 자체가 복원될 길이 없는 것입니다. 이것은 우리가 기도해야 할 이유이기도 합니다.

기도는 하나님과 주파수를 맞추는 과정입니다. 하나님 앞에 나아가 "하나님 아버지"라고 부를 때 하나님이 누구신지, 나는 누구인지를 확인하게 됩니다. 저는 이것이야말로 가장 확실한 응답이라고 생각합니다. 우리가 기도할 수 있는 것은 하나님이 우리 아버지이기 때문입니다.

기도는 하나님 아버지를 기쁘게 만나는 길입니다. 물론 무언가를 달라는 기도도 해야 합니다. 하지만 궁극적으로는 하나님 아버지를 기쁘게 만나기 위해서 기도해야 합니다. 그럴 때 수신기가 회복되어 하나님의 뜻을 알게 되고 음성을 듣게 됩니다. 기도하는 중에 기도 제목이 바뀌거나 내가 바뀌는 것도 하나님이 주신 응답입니다. 하나님은 기도 중에 우리에게 소원을 주시기도 하고, 마음에 불편함을 주셔서 분명하게 노(No)라고 응답하시기도 합니다. 무엇보다 성경이 하나님의 말씀임을 믿고 계속 읽다 보면 어느 날 나를 향한 하나님의 말씀으로 와닿게 됩니다. 가장 안전하고 분명하게 하나님의 뜻, 음성을 듣기 바랍니다.

나의 기도는 과연 하나님께 합당할까?

Q 하나님께 합당한 기도인지 아니면 내 욕심에 불과한 기도인지, 어떻게 분별할 수 있을까요?

▲ 교회에 오신 지 얼마 안 된 분으로부터 절에서는 기도가 됐는데 교회에선 기도가 안 된다는 고민을 들은 적이 있습니다. 그때 그분에게 기도하려고 하지 말고 시편을 읽으라고 권했습니다. 시편은 기도 교과서입니다. 시편을 매일 읽으면 하나님의 언어가 내 안에 자리 잡기 시작해서 어느 순간부터 하나님과 친숙하게 대화할 수 있습니다. 내 생각을 하나님께 올려드리는 게 아니라 하나님의 말씀이 내 안에 분명히 각인되어 그분의 언어로 돌려드리는 것입니다.

한 학생이 원하는 대학에 떨어진 후 교회에 떡을 돌렸습니다. 이유를 물으니, 하나님께서 자기가 원하는 대학에 못 가게 해주신 것이 감사해서 돌렸다는 겁니다. 열아홉 살의 학생이 놀랍지 않습니까? 그 학생이 그렇게 말할 수 있는 것은 생명의 성령이 그 안에 계시기 때문입니다. 생명의 성령이 내 안에 오시면 내 뜻을 꺾는 기도를 드리게 됩니다. 내 뜻이 꺾였을 때 "감사합니다"라고 말할 수 있게 됩니다. 우리가 하나님의 말씀 안에 있으면, 성령이 우리 안에 계시면, 하나님의 뜻을 따라 기도하게 됩니다. 욕심에 의한 기도인지 아닌지 자기가 분명히 압니다.

아까 그 학생이 떡을 들고 왔을 때 원하는 대학에 가지 못해 실망하지 않았느냐고 묻자, 자기 기도를 들으신 분이 하나님이어서 감사하다고 대답했습니다. 우문현답입니다. 이 친구를 보면서 기도는 잘 듣는 게 정말 중요하다는 것을 다시금 확인할 수 있었습니다. 내가 하고 있는 기도에만 열중하면 하나님의 음성을 놓치게 됩니다. 만일 이 학생이 기도할 때 자기 말만 했다면 대학에 떨어졌을 때 실망스럽고 원망스러웠을 것입니다. 하지만 그는 하나님의 음성에 귀 기울였습니다. 그렇기에 원하지 않은 결과에 대해서도 감사할 수 있었던 것입니다.

너무 바빠서 하나님을 만날 시간이 없을 때

Q 너무 바빠서 기도할 시간이 나지 않습니다. 하나님과 친밀한 시간을 갖고 싶은데 여건이 안 될 때 어떻게 해야 할까요?

▲ 너무 바쁜 사람은 안 바쁜 사람이 기도 한 시간 할 때 두 시간 해야 합니다. 빌 하이벨스의《너무 바빠서 기도합니다》라는 책을 읽어 보기 바랍니다. 왜 바쁠수록 기도해야 하는지, 왜 예수님이 밥 먹을 시간도 없이 바쁜 중에도 기도하러 산에 올라가시고 새벽 미명에 일어나 하나님과 만나셨는지 설명하고 있습니다.

기도하지 않고 하는 일은 사람의 일이요, 기도하고 하는 일은 하나님의 일이라는 사실을 믿으시기 바랍니다. 단지 나의 일을 하느라 바쁘게 살지 않도록 죽을힘을 다해서 기도해야 합니다. 잠을 줄이고 식사 시간을 줄여서라도 기도해야 합니다. 남들 밥 먹는 시간에 기도하기 위해 금식기도를 하십시오. 점심이든 저녁이든 한 끼를 줄여서라도 기도하십시오. 약속 잡지 말고 기도하십시오. 이렇게 따로 기도할 시간을 갖는 것이 삶에서 드리는 예배입니다. 제가 아는 한 분은 낮에 일하는 동안 잠시 잠시 화장실에 들어가서 기도합니다. 일하다

기도하고, 야단맞았을 때도 기도하고, 속상할 때도 화장실에 들어가 기도한다고 합니다. 여러분 모두 시간을 구별해 하나님께 기도하기를 힘쓰시기 바랍니다.

이런 기도를 하는 게 맞을까?

많은 바람을 담은 기도를 하는 게 옳은 것일까요? 대학 합격자 수는 정해져 있는데 내 아이가 입학하게 해달라고 기도하는 게 과연 맞는지 모르겠습니다.

▲ 저는 '솔직한 기도'가 가장 좋은 기도라고 생각합니다. 어린아이가 장로님 기도를 흉내 내서 '전능하신 하나님 아버지' 하고 정중하게 기도하면 어떻겠습니까? "하나님, 장난감 갖고 싶어요" 하고 기도하는 게 가장 솔직한 기도이고 아이다운 기도 아닐까요? 이렇게 기도하는 것이 일상의 습관이 되면 어느 날 기도가 바뀌는 때가 옵니다. 말씀이 들어가는 만큼, 말씀을 먹는 만큼, 인격이 성숙한 만큼 기도는 반드시 바뀌게 되어 있습니다.

하지만 서른 살이 되었는데도 "아빠, 장난감이 필요해요" 하면 곤란합니다. 갓난아기가 젖을 먹다가 자라며 이유식을 먹고 더 자라면 단단한 음식을 먹듯이, 신앙도 시기에 따라 자라야 합니다. 신앙을 자라게 하는 것이 바로 말씀입니다. 그래서 말씀을 자꾸 먹으라고 하는 것입니다. 그러다 점차 신앙이 성숙해지면 나를 위한 기도에 앞서서 남을 위한 중보기도부터 하고 있는 자신을 발견하게 됩니다.

그러니 이런 기도를 하는 게 맞을까 고민하지 마십시오. 내 마음에서 우러나오는 그것을 기도하면 됩니다. 욕이 나오면 욕하고, 화가 나면 화풀이하고, 속상하면 울며 털어놓으면 됩니다. 그게 솔직한 기도이고 하나님이 가장 좋아하시는 기도입니다. 하나님과 가장 친밀해지는 기도입니다.

수능을 앞둔 자녀를 위해 1년 내내 기도했다면, "찍는 것마다 다 정답이 되게 해주세요" 같은 기도는 하지 않을 것입니다. 1년 내내 아니 아주 오랫동안 자녀를 위한 기도를 했다면 "하나님의 마음에 합한 아이가 되게 해주십시오. 어떤 대학이든 주님이 원하시는 대학으로 인도해 주십시오" 하고 기도할 것입니다. 기도를 제대로 해보지도 않은 사람이 처음부터 성숙한 척 흉내 낼 필요가 없습니다. 또 다른 사람의 기도와 비교할 필요도 없습니다. 기도는 다른 사람 들으라고 하는 것이 아니니까요.

자녀를 진심으로 사랑하는 부모라면 자녀가 주일에 학원 가느라 예배드리는 걸 등한시하도록 하지 않습니다. 대신에 평소에도 말씀을 따라 정직하고 성실하게 공부하도록 격려할 것입니다. 늘 기도에 힘쓰며 하나님께 아이를 의탁할 것입니다. 그러면 적어도 내 자녀가 이 대학에 반드시 합격하게 해주셔야 한다고 떼쓰는 기도는 하지 않게 될 것입니다.

대적기도는 어떻게 해야 할까?

Q 대적기도가 정확하게 무엇인가요? 어떤 상황에서 어떻게 해야 하는 건가요?

▲ "하나님의 전신 갑주를 취하라 이는 악한 날에 너희가 능히 대적하고 모든 일을 행한 후에 서기 위함이라 그런즉 서서 진리로 너희 허리띠를 띠고 의의 호심경을 붙이고 평안의 복음이 준비한 것으로 신을 신고 모든 것 위에 믿음의 방패를 가지고 이로써 능히 악한 자의 모든 불화살을 소멸하고 구원의 투구와 성령의 검 곧 하나님의 말씀을 가지라"(엡 6:13-17).

하나님의 뜻에 맞서는 영적 세력에 대항해야 할 때, 하나님은 우리에게 성령의 무기를 주십니다. 이 성령의 무기 중 대부분은 방어를 위한 것인데 말씀만큼은 공격을 위한 것입니다. 따라서 원수를 대적할 때 말씀에 의지해 원수를 꾸짖고 명령하면 됩니다. 이때 나의 힘과 능력으로 싸우는 것이 아님을 기억하십시오. 나의 힘이나 능력은 중요하지 않습니다. 우리가 의지한 하나님의 힘과 능력이 중요합니다. 하나님의 권세가 원수와 대적하는 것입니다. 저는 이 사실을 놓치지 않는 게 가장 중요하다고 생각합니다.

잘 아시는 것처럼 예수님의 기도는 모든 기도의 기준입니다. 예수님이 광야에서 40일 금식기도 하고 사탄의 유혹을 받았을 때 어떻게 하셨습니까? 육신의 정욕과 이생의 자랑과 안목의 정욕을 부추기는 시험을 모두 말씀으로 이기셨습니다.

겟세마네 동산의 기도는 어떻습니까? 십자가 앞에서 세 번씩 기도하셨습니다. 십자가를 져야 한다는 것 다 알고 오신 길 아닙니까? 십자가를 지지 말라는 대적의 유혹 앞에서 땀이 피가 되도록 기도한 것은 오직 이미 확인한 하나님의 뜻이 이루어지도록 내 뜻을 꺾기 위함이지요. 이때 천사가 와서 예수님이 기도하실 수 있도록 도와주었습니다.

따라서 대적기도는 하나님의 분명한 뜻을 아는 것이 첫째이고, 그 뜻을 알려 주신 말씀을 끝까지 붙드는 것이 둘째이고, 하나님의 뜻이 이루어질 때까지 끊임없이 기도하는 것이 마지막 셋째입니다. 그렇게 우리가 하나님의 뜻을 위해 전심으로 기도할 때 하나님은 반드시 우리에게 기도할 수 있는 능력을 더해 주실 것입니다.

처음과는 다르게 점점 하나님과 멀어질 때

Q 처음 믿을 때의 그 뜨겁던 열정도 없고 하나님과도 소원해졌습니다. 어떻게 해야 할까요?

▲ 어둡고 깊은 터널의 시간은 누구에게나 있습니다. 믿음의 조상 아브라함도 매일 하나님의 음성을 들으며 친밀하게 지낸 것이 아닙니다. 75세에 하나님의 음성을 듣고 고향 아비의 집을 떠난 뒤 10년 만에 하나님의 음성을 들었습니다. 이 음성을 붙들고 다시 10년을 살았지요. 그러니까 10년마다 주신 하나님의 음성으로 아브라함은 믿음의 조상으로 성장할 수 있었습니다.

주님이 날마다 말씀으로 격려해 주시면 우리 인생에 어둠의 터널 따위는 없을 것 같은데, 주님은 우리에게 사망의 음침한 골짜기를 경험하게 하십니다. 이 시간을 통과해야 아브라함과 같은 믿음의 선배들이 경험한 영적 성장을 이루기 때문입니다. 하나님이 내 곁에 없는 것 같은 어둠의 시간은 누구한테나 닥쳐옵니다. 그럴 때 우리가 할 일은 하나님을 신뢰하며 그분과 동행하기로 결정하는 것입니다. 순간순간 달라지는 내 감정에 의지하지 않고, 낙심하게 만드는 사건을 두려워하지 않고, 하나님을 신뢰하기로 결단하는 의지가 중요합니다.

예수님은 부활 후 제자들을 가르치시고 마침내 세상을 떠나면서 "볼지어다 내가 세상 끝날까지 너희와 항상 함께 있으리라"(마 28:20)고 약속하셨습니다. 제자들은 이 말씀을 붙들고 온갖 어려움을 이겨 냈습니다. 이 약속의 말씀이 우리가 상상조차 하기 어려운 과정을 인내하며 견디도록 이끌었습니다. 그러므로 약속의 말씀이 내 안에 있으면 주님이 나와 동행하시는 줄 믿으시기 바랍니다.

주님이 나와 동행하는데도 왜 어려움이 있느냐 하십니까? 주님 안에서 겪는 어려움은 내게 유익한 어려움입니다. 아무리 내게 닥친 어려움을 걷어 가 달라고 기도해도 어려움이 사라지기는커녕 오히려 가중된다면, 이 어려움을 견디고 이기라는 하나님의 뜻으로 깨달아야 합니다. 주님이 나와 함께하신다는 믿음만 있으면 신앙 여정은 중단 없이 끝까지 완주하게 될 것입니다. 그 말씀이 내 안에 있어서 견디며 인내하게 할 것이기 때문입니다.

나를 향한 하나님의 뜻

Q 하나님이 자유를 주셨다는데 내 인생을 향한 하나님의 뜻과 길은 무엇인가요?

▲ 주님의 뜻은 우리를 사랑하는 것입니다. 주님의 뜻은 우리를 살리는 것입니다. 우리를 그분 계신 곳으로 데려가는 것입니다. 하나님의 뜻은 복잡하지 않습니다. 자유의지를 주신 분이 복잡한 것을 요구하겠습니까?

하나님은 우리를 살리기 위해, 우리를 사랑하므로 거룩하라 하십니다. 타락한 세상과 구별되어 살라는 겁니다. 이 구별된 삶을 살지 않으면 죽음의 길로 가게 되기에 돌이키라(회개) 하십니다. "아버지여, 아버지께서 내 안에, 내가 아버지 안에 있는 것같이 그들도 다 하나가 되어 우리 안에 있게 하사"(요 17:21). 하나님은 우리와 하나 되기를 원하십니다. 하나님과 하나 되는 길은 사랑하고 사랑받는 관계가 되는 것입니다. 하나 됨이란 사랑의 열매요 사랑의 클라이맥스라고 할 수 있습니다.

사도 바울은 이 사랑의 관계를 이렇게 말합니다. "항상 기뻐하라 쉬지 말고 기도하라 범사에 감사하라 이것이 그리스도 예수 안에서 너희를 향하신 하나님의 뜻이니라"(살전 5:16-18). 우리가 하나님의 뜻을 알게 되면 하나님으로 인하여 항상 감사하고 기뻐하게 됩니다. 그리고 항상 기도하므로 하나님과의 깊은 관계로 나아갑니다. 하나 되는 사랑의 관계가 되는 것입니다.

우리는 실수할 수 있습니다. 실패할 수도 있습니다. 그러나 하나님은 우리의 실수와 실패로 인해 우리를 책망하시지 않습니다. 자녀가 잘못된 결정을 내리고 실패했을 때 자녀를 호적에서 파고 내쫓는 부모는 없습니다. 자녀는 대개 부모 마음에 드는 결정을 하지 않습니다. 대체로 부모의 뜻과 다른 선택을 합니다. 그러나 부모는 자녀를 향한 사랑을 포기하지 않습니다. 자녀가 나를 아버지, 어머니라고 부르는 한 자녀를 떠나지 않습니다. 우리를 향한 하나님의 사랑이 그런 것입니다. 이 사랑을 믿으시기 바랍니다.

우리는 그저 아버지라고 부르는 것만으로 우리를 사랑해 주시는 하나님의 자녀입니다. 내가 어떤 선택을 하고 어떤 결정을 하든 하나님께서 하나님의 뜻에 합당한 것으로 인도하실 것입니다. 우리의 모든 실수와 허물, 실패와 좌절에도 불구하고 하나님은 하나님 아버지의 이름을 위하여 우리를 의의 길, 생명의 길로 인도하실 것입니다. 우리가 먼저 하나님 아버지를 버리지 않는 한….

성경 속 하나님을 실제로 만날 수 있을까?

Q 하나님은 영적인 세계에만 계셔서 현실 세계에 사는 나와는 상관없는 분으로 느껴질 때가 있습니다. 하나님은 아브라함의 하나님, 이삭의 하나님, 야곱의 하나님이라고 하셨는데 나의 하나님으로 만나려면 어떻게 해야 할까요?

▲ 예수님은 우리에게 하나님을 '아빠'라고 부르라고 하셨습니다. 기도할 때나 일상에서나 자주 '아빠'를 부르시기 바랍니다. 그렇게 자꾸 부르면 아빠한테 안기는 느낌, 아빠가 내 이야기에 귀 기울여 주시는 느낌을 갖게 될 것입니다. 다시 말해 하나님께 점점 더 친밀감을 느끼게 될 것입니다.

하나님이 지적질하고 벌주는 무서운 분으로 여겨진다면 내 안에 상한 마음이 있는 것입니다. 그 상한 마음이 하나님을 친밀하게 아빠라고 부르지 못하도록 막고 있는 겁니다. 하나님은 우리의 아빠이십니다. 너무나 먼 당신이 아니라 너무나 친근한 아빠이십니다. 그런 아빠한테 마음을 털어놓고 괴로움을 쏟아 놓으며 때로 말문을 떼지 못한 채 통곡하고 심지어 매달려 떼를 쓰는 것은 전혀 이상한 일이 아닙니다.

야곱은 하나님과 밤을 새워 씨름했습니다. 축복하고 가라며 끝까지 놓아 주지 않았습니다. 하나님을 무서운 분으로만 여겼다면 감히 그럴 수 없었겠지요. 야곱과 하나님의 친밀함을 우리도 회복해야 합니다. 이 친밀함을 회복하려면 단둘이 은밀하게 만나는 시간이 필요합니다. 골방의 시간이 필요합니다. 나의 하나님을 만나고 싶다면, 야곱처럼 끈질기게 씨름해 보십시오. 떼를 쓰기도 하고 목을 놓아 통곡도 해보십시오. 하나님이 나의 하나님이 될 때 비로소 상한 마음이 치유되고 하나님과 아름다운 동행을 시작하게 될 것입니다.

모든 것이 하나님께서 정한 운명인가?

● 가룟 유다가 예수님을 판 것도 미리 정해진 하나님의 뜻이라면 우리에게 자유가 있나요?

▲ '가룟 유다가 하나님이 십자가를 위해 택한 도구라면 그를 나무랄 수 없지 않는가'라는 질문과 같은 맥락이라 볼 수 있습니다. 그런데 가룟 유다에겐 예수님이 "이 가운데 나를 팔 자가 있다"고 하셨을 때 돌이킬 기회가 있었습니다. 그 말씀을 통해 예수님을 팔려는 자신을 돌아보고 그만두기로 결정할 수 있었습니다. 마음먹기에 따라서는 자신의 악한 의도를 털어놓고 용서를 구할 수도 있었습니다. 그러나 그는 끝까지 돌이키지 않았습니다.

사울왕에게서 하나님의 영이 떠나자 그는 자신의 사위이자 누구보다 충성되고 유능한 다윗을 핍박하기 시작했습니다. 만일 이것도 하나님의 계획이라면 우리 하나님은 누군가를 실족시키는 하나님이 됩니다. 하지만 하나님은 심판조차도 우리를 구원하기 위한 계획 가운데 설계하십니다.

이집트의 바로가 열 가지 재앙을 겪으면서도 끝까지 돌이키지 않는 것에 대해 출애굽기는 "여호와께서 바로의 마음을 완악하게 하셨으므로"(출 10:27)라고 설명합니다. 하지만 이 구절은 '의인화'(personification) 즉 하나님의 마음을 우리가 달리 설명할 길이 없어서 우리 수준으로 표현한 것입니다. 하나님께서는 바로가 그렇게 생각하고 행동하도록 '내버려 두셨다'는 뜻입니다.

하나님은 우리가 어떤 결정을 하든 잠잠히 바라보십니다. 그러나 하나님의 백성으로서 합당하지 않을 때 그분은 성령을 통해 우리를 통제하십니다. 하나님의 백성이 아니어도 인간은 누구나 갖고 있는 양심을 통해 자신을 통제합니다. 그러나 하나님을 믿는 믿음의 사람들이 반복해서 성령의 통제를 무시하면, 그것은 결국 내 의지로 살겠다고 선택하는 것이며, 이 선택은 의지적으로 죽음을 향해 걸어가는 것입니다.

어떤 이는 이때 멱살을 잡더라도 죽음의 길을 가지 못하게 하시지 왜 내버려 두시느냐고 따집니다. 하나님은 우리에게 그 무엇과도 비할 수 없는 자유의지를 선물로 주셨습니다. 자유의지가 선물인 이유는, 자유의지가 없으면 사랑할 수 없기 때문입니다. 자유의지가 없으면 그분의 사랑에 우리가 자발적으로 반응할 수 없습니다. '이미 입력된 값으로 움직이는 로봇'과 감정을 교류할 수 없는 것과 같습니다.

에덴동산에 두신 선악과는 이 '자유의지'를 의미합니다. 우리가 어떤 상황에서든 하나님을 스스로 선택할 수 있도록 허용하신 것입니다. 상대가 사랑의 반응을 해주기를 기대하는 것, 이는 사랑하지 않으면 할 수 없는 기대입니다. 정상적인 사랑의 관계에서만 할 수 있는 것입니다. 사랑하기 때문에 얘기하고 기다리고, 또 얘기하고 기다리고, 끝까지 기다려 줍니다. 하나님이 우리를 사랑하셔서 기다려 주지 않았다면 우리 중 누구도 살아남지 못했을 것입니다. 우리를 사랑하기 때문에 견디고 또 견디고, 기다리고 또 기다리신 주님 덕분에 오늘 우리가 이 자리에 있을 수 있습니다.

2장

힘든 상황에 있는 사람에게

_ 두려움
_ 고난
_ 갈등
_ 중독

나의 고난은 하나님의 연단일까, 사탄의 시험일까?

Q 고난이 왔을 때 이것이 하나님이 주신 고난인지 사탄의 시험인지 어떻게 알 수 있을까요?

▲ 시험에는 세 가지가 있습니다. 'test'는 하나님이 하시는 겁니다. 아브라함에게 이삭을 바치라 하신 것은 아브라함을 테스트한 것이었습니다. 'temptation'은 유혹으로 욕망을 자극하는 것입니다. 'trial'은 시련으로 연단을 의미합니다. 내 욕망을 자극하는 것인지(temptation), 하나님께서 내 믿음을 연단하는 것인지(trial), 아니면 다음 단계의 믿음을 위한 시험(test)인지는 본인이 잘 압니다. 또 본인이 분별해야 합니다. 본인이 분별하기 어렵다면 목회자나 신앙의 선배 혹은 함께 신앙생활하는 형제자매들과 의논해 보십시오. 말씀을 매일 읽고 묵상하는 사람이라면 여러분이 어떤 시험 가운데 있는지 분별할 수 있을 겁니다. 가령 은근히 뇌물을 바라고 그런 내색을 비쳤다가 막상 뇌물이 손에 들어오면 "하나님, 이거 받아야 합니까" 하고 묻는 사람이 있습니다. 본인이 잘 알면서 왜 묻습니까? 하나님이 허락하시리라고 믿고 물은 것입니까, 아니면 죄책감을 벗고 싶어서 하나님께 묻는 것입니까?

어리석고 비열한 모습입니다. 믿는 사람은 늘 정결의 훈련을 해야 합니다. 애초에 남의 것을 탐하지 않도록 훈련해야 합니다. 일상적으로 일어나는 유혹에 흔들리지 않도록 끊임없이 훈련해야 합니다.

제게 필요한 것이 식사 조절입니다. 식욕을 조절하는 훈련이 필요합니다. 주일에 설교하고 나면 배가 고프거든요. 아무리 배가 고파도 7부만 먹어야 하는데 포만감을 느낄 때까지 먹습니다. 그러면 속도 더부룩하고 허리 1인치 느는 것은 시간 문제가 됩니다. 스스로 건강을 해치는 것이지요.

사실 식욕을 조절하고 뇌물을 받지 않고 누구한테든 온유하게 말하는 이 모든 훈련은 우리 마음의 상태를 옥토로 만드는 일입니다. 뇌물만 끊으면 됩니까? 식욕만 조절하면 됩니까? 아닙니다. 하나님을 더 사랑하고 기꺼이 연단을 받아들이며 어떤 어려움에도 순종하고자 하는 마음 상태를 만드는 것이 더 중요합니다. 이 마음 상태를 만들고 유지하는 훈련을 하면 식욕 조절과 뇌물을 받지 않는 것은 물론 모든 일에 걸림이 없게 될 것입니다.

'죽음'을 생각하는 청년들에게

Q **주변의 청년들 중 죽고 싶어 하는 사람, 자살을 생각하는 이들이 있는데 어떻게 도와줘야 할까요?**

▲ 누구나 한 번쯤은 죽고 싶다는 생각을 해보았을 겁니다. 갈멜 대첩을 승리로 이끈 엘리야도 이세벨이 죽이겠다고 달려드니까 도망가서는 죽고 싶다고 기도했습니다. 선지자도 그러한데 하물며 우리는 어떻겠습니까? 죽고 싶다는 생각이 드는 게 이상한 것이 아닙니다.

그런데 일단 늪에 빠지면 그 늪을 빠져나올 힘은 나한테 없습니다. 누군가 밖에서 내 손을 잡고 꺼내 줘야 합니다. 내가 할 일은 먼저 내 시선을 내 안에서 내 밖으로 돌리는 것입니다. 죽고 싶다는 생각을 행동으로 옮기는 사람들은 대체로 자기 안을 들여다보느라 여념이 없습니다. 억울함, 분함, 원망, 불평, 보잘것없는 처지….

하지만 내 안에는 선한 것이 없습니다. 내 안을 묵상하면 묵상할수록 비참할 뿐입니다. 엘리야는 이때 눈을 돌려 자신이 아닌 하나님을 바라봅니다. 하나님께 집중하면 나를 묶고 있는 내 시선으로부터 벗어나 나를 향해 뻗은 구원의 손을 잡을 수 있습니다. 본질적으로 구원이란 하나님께서 내밀고 계신 손을 믿음으로 붙잡는 것입니다.

저도 대학 때 자살 시도를 한 적이 있습니다. 나중에 눈을 떠서 살아 있는 것을 확인하는 순간 내가 죽고 사는 것이 내게 달린 일이 아니라는 생각이 들었고, 주변이 달리 보이기 시작했습니다. 이상하게도 생명에 대한 경외심과 내 이웃의 생명에 대한 감사와 기쁨이 솟았습니다. 얼마나 많은 예술가와 철학자들이 자살로 생을 마감했습니까? 비참한 실존을 묵상하다 거기서 빠져나오지 못한 겁니다. 그래서 생명의 말씀을 묵상하는 것이 복입니다. 그런 까닭에 먼저 그 복을 누리는 우리의 사명은 이 복을 나누는 것입니다. 이 복을 알지 못하는 사람들에게 이 복을 알려 주는 것입니다.

우리는 우리의 재능, 소유, 부, 성격 등으로 자신을 판단합니다. 심지어 남과 비교해서 스스로의 가치를 쉽게 결정합니다. 하지만 하나님 보시기에 우리는 모두 예수님의 가치에 해당합니다. 독생자의 목숨 값이 우리의 가치입니다. 그 정도로 우리는 소중한 존재입니다. 오만 원권 지폐는 아무리 구겨져도 오만 원입니다. 너덜너덜해지고 찢어져도 오만 원의 가치는 변하지 않습니다. 내 눈을 하나님께 돌리면 이런 음성을 듣습니다. 너는 내게 더없이 소중하다는 주님의 음성을 듣게 됩니다.

닉 부이치치도 자살을 시도한 적이 있습니다. 팔다리 없는 삶에 장차 무슨 희망이 있겠느냐고 생각했습니다. 하지만 예수님을 만난 후 달라졌습니다. 팔다리가 없어도 예수님은 그가 더없이 소중하고 사랑스러운 존재라고 말씀해 주셨기 때문입니다. 이후 닉 부이치치는 전 세계를 다니며 실의와 절망에 빠진 사람들을 일으켜 세우고 있습니다.

자기 안만 들여다보던 사람들이 사지가 없음에도 개의치 않고 누구를 만나건 웃음과 기쁨을 전해 주는 닉 부이치치에게서 희망을 발견합니다. 두 팔이 없는 그에게 다가가 그를 포옹해 주고 눈물을 흘리며 자신 안에 전염된 새로운 소망을 증언하는 일들이 끊이지 않습니다. 내 시선을 내 안에서 바깥으로 돌리십시오. 희망이 보입니다.

하나님께 버려진 것 같을 때

● 오랫동안 신앙생활을 했지만 이제 더 이상 하나님이 느껴지지 않습니다. 아무리 기도해도 아무리 말씀을 보아도 하나님은 침묵하시는 것 같습니다. 하나님은 절대 나를 버리시지 않는다고 했는데 버림당한 것 같아 더 이상 기도하고 싶지도, 말씀을 보고 싶지도 않습니다. 어쩌면 좋을까요?

▲ 단단히 어둠 속에 빠진 겁니다. 영적인 터널에 갇힌 겁니다. 그런데 누구에게나 이런 시간이 옵니다. 영적인 대승을 거둔 엘리야조차 어둠 속에 빠져 차라리 나를 죽여 달라고 기도했습니다. 그래서 신앙은 절대로 내 감정, 내 상황, 내 기분에 의지해서는 안 됩니다. 신앙은 철저히 말씀에 의지해야 합니다. 하나님이 안 계신 것 같은 순간에도 "내가 너를 지명하여 불렀나니 너는 내 것이라"(사 43:1)는 말씀이 기억나야 합니다. 그 말씀이 내 안에 있는 한 넘어지지 않습니다.

최근에 동성애자였던 미국의 대학교수가 성경을 읽다가 회심하고 간증한 일이 있습니다. 그분의 간증 중에 제 머릿속에 박힌 한마디가 있습니다. 바로 "성경을 세 번 읽었더니"입니다. 이분은 동성애를 반대하는 그리스도인들과 맞서기 위해 성경을 읽었습니다. 그런데 성경을 세 번 읽고 나니까 자기 안에서 성경이 커지는 것을 경험했다고 합니다. 그렇습니다. 실망할수록, 낙심될수록 성경을 읽어야 합니다. 저는 성경을 다섯 번 읽고 나서 하나님이 옳으시다는 것을 인정하게 되었습니다. 성경을 일곱 번 읽고 나서는 내가 말씀을 묵상하지 않는 한 나의 모든 생각이 악할 뿐임을 인정하게 되었습니다.

하나님이 안 느껴진다면 그 기분에 젖어 있지 말고 말씀을 읽으십시오. 그리고 두 손을 들고 대적기도를 하십시오. "나를 낙심케 하는 악한 영은 떠나라, 나를 넘어지게 하는 사탄은 그리스도의 이름으로 명령하노니 물러가라" 하고 대적해야 합니다. 내 목을 조르고 팔을 비트는 사탄에 결연하게 맞서야 합니다. 그대로 끌려가면 죽습니다. 예수 믿다가 자살하는 사람들이 그런 경우입니다. 어두운 터널에 오래 있으면 그렇게 됩니다. 그래서 우리는 죄악에 맞서 피 흘리기까지 싸워야 합니다. 신앙은 죽고 사는 일입니다. 신앙은 목숨 거는 일입니다.

영적인 공격은 영적인 사람에게 옵니다. 사탄은 영적인 사람을 공격하지 육적인 사람은 건드리지 않습니다. 신앙생활을 진지하게 하는 사람일수록 사탄의 공격이 거셉니다. 그러니 우리가 어두운 터널에 갇히고 길이 좁아져 답답하게 느끼는 것은 당연한 일입니다. 다만 그 기분, 그 감정에 휘둘리지 말고 벗어나기를 힘쓰십시오. 십자가의 길은 자기 부인의 길입니다. 자기 부인이 되지 않으면 때마다 자신의 감정에 휘둘리고 자신을 에워싼 상황에 낙심하게 됩니다. 그때가 눈을 들어 십자가를 바라볼 때입니다. 십자가에서 죽어 있는 자신을 바라보아야 합니다. 나는 죽고 그리스도를 믿는 믿음으로 다시 살아나야 합니다. 우리는 그 믿음으로 사는 사람입니다.

내 안의 두려움 몰아내기

Q 내 안에 있는 두려움을 이겨 내고 싶습니다.

A 성경에는 "두려워하지 말라"가 366번 나옵니다. 매일 두려워하지 말라는 말씀을 듣는 셈입니다. 그만큼 두려움은 우리의 본능적인 반응 중 하나입니다. 이 두려움을 어떻게 말씀으로 무장해서 이겨 내느냐가 신앙의 과제이기도 합니다.

시편 1편의 말씀처럼 우리는 악인을 봐도 두렵고, 죄인을 봐도 힘들고, 오만한 자를 보면 속이 뒤집어집니다. 나를 힘들게 하는 이 감정들에 지지 않을 방법은 하나님의 말씀을 주야로 묵상하는 것밖에는 없습니다. 말씀이 아니고는 그런 감정들을 뚫을 방법이 없습니다. 사방에서 날아오는 불화살을 물리칠 방법은 말씀의 검밖에 없습니다(엡 6:16-17).

말씀이신 예수님이 우리의 목자이십니다. 그분은 두려움이라는 인생의 가장 무거운 짐을 내려놓게 하십니다. 그분의 손을 잡으면 두려움의 골짜기에 있을지라도 아름다운 산봉우리와 푸른 하늘을 바라보게 됩니다. 이상하리만큼 평안함 가운데 쉼을 잃지 않습니다. 그분 안에 있으면, 말씀 안에 거하면 성령이 충만해져서 내 안에 두려움이 머물러 있지 못하기 때문입니다.

우리 혼자 힘으로는 두려움과 싸워서 이길 방도가 마땅치 않습니다. 걱정과 염려를 몰아내기 위해 걱정의 원인과 염려의 결과를 떨쳐내고자 해도 내 마음대로 쫓겨 나가지 않습니다. 마치 신발 바닥에 붙은 껌처럼 좀처럼 떨어지지 않습니다. 따라서 생각하지 말아야 할 대상을 생각하지 않으려고 애쓰는 헛수고 대신에 마땅히 생각해야 할 대상에 집중하고 몰입하는 것이 답입니다. 말씀을 더 묵상하고 주님을 더 생각하고 아버지를 더 사랑하는 것보다 두려움을 속히 이기는 방법은 없습니다.

왜 많은 사람들이 술과 마약과 같은 수단을 덥석 붙잡겠어요? 출구가 안 보이기 때문이지요. 왜 숱한 사람들이 다른 사람들의 말에 속아 넘어가겠어요? 내가 차분하게 생각하고 정리할 수 없을 만큼 마음이 불안한 때문이지요. 따라서 상황이 어려울수록 상황 너머에서 이 모든 상황을 다스리시는 분의 말씀에 귀를 기울이는 편이 그 어떤 것보다 안전하고 분명합니다.

죽음이 두려운 당신에게

Q 부활이 소망이니까 그리스도인에게는 죽음이 결코 두렵지 않아야 하지만 가족의 죽음을 앞두고 무섭고 떨립니다. 죽음, 어떻게 준비해야 할까요?

▲ 우리의 육신은 여전히 두려움이 있을 수 있습니다. 목에 칼을 댈 때 육체적인 두려움이 엄습하는 것은 당연합니다. 그러나 그때에도 그리스도인이라면 말씀이 떠올라야 한다고 생각합니다. 우리의 육신은 죽여도 영혼을 어찌할 수 없는 사람을 두려워하지 말라는 말씀(마 10:28)이 기억나야 합니다. 특별히 가족이 죽음을 앞두고 있다면, 살아서 나를 믿는 자는 영원히 죽지 않을 것이라는 부활 생명에 관한 말씀(요 11:26)과 아버지 집에 영원히 거할 처소가 많다는 말씀(요 14:2)을 기억해야 합니다.

아우슈비츠 수용소에 끌려갔다가 살아 돌아온 빅터 프랭클(Viktor Frankl)이라는 오스트리아의 정신과 의사는 '로고테라피'라는 새로운 정신과 치료법을 시도했습니다. 번역하면 '말씀 치유'라고 할 수 있겠지요. '로고테라피'는 아우슈비츠 수용소에 함께 있던 어느 유대인 랍비의 죽음을 지켜보고 영감을 받아 개발한 것이라고 합니다. 그 랍비는 가스실로 끌려가면서도 시편 23편을 암송하며 의연하게 죽음을 맞았습니다. 그의 모습을 보고 충격을 받은 빅터 프랭클은 말씀의 참된 능력을 정신과 치료에 적용하게 되었습니다.

물론 약물의 도움도 받아야 하고 의사의 처방도 받아야 합니다. 하지만 그와 더불어 하나님께 우리의 생명을 의탁하고, 하나님이 우리 각자에게 들려주시는 생명의 말씀을 먹고 또 먹어야 합니다. 날마다 먹어야 합니다. 이따금 먹는 것으로는 부족합니다. 영의 양식 또한 일용하는 양식이기 때문입니다. 더불어 하나님께서는 위기 때 우리에게 말씀을 주시며 말씀으로 우리를 치유하실 수 있다는 믿음이 필요합니다.

저는 재작년에 코로나로 거의 죽다 살아났습니다. 하지만 두렵지는 않았습니다. '지금이 주님께서 저를 데려가실 때라면 기꺼이 따라가겠습니다'라고 기도했지요. 그리고 '만일 살게 된다면 제가 이 땅에 더 살아야 할 이유를 알게 하시고 그에 합당하게 살 수 있도록 해주십시오'라고 기도했습니다. 그랬기에 기침으로 밤새 잠을 못 자고 서 있을 힘이 없으면서도 주일에 설교단에 섰습니다. 그런데 놀랍게도 설교를 시작하자 쉴 새 없이 계속되던 기침이 멈추었습니다. 그날 '다윗이 심부름을 가다'라는 제목으로 설교했는데, 제가 그리스도의 심부름꾼으로 부름 받은 사명을 재차 확인할 수 있었습니다. 믿음으로 담대히 주님께 나아갈 때 살거나 죽거나 그건 중요하지 않습니다. 성도의 삶과 죽음은 아버지의 계획 속에 이미 완성되어 있는 시간에 따른 것이고, 사도 바울의 말처럼 사나 죽으나 주의 영광이 될 것입니다. 따라서 생사보다 더 중요한 것은 우리가 하나님이 원하시는 삶을 사느냐 아니냐 입니다.

점과 타로에 의지하게 될 때

● 목사님, 현실이 불안하고 걱정이 마음을 짓누를 때 점이나 타로를 보고 싶은 욕망이 생겨요. 저를 꾸짖어 주세요.

▲ 점 보러 가는 이유는 하나입니다. 불안하기 때문입니다. 그런데 믿음은 하나님이 나의 장래를 책임지시는 분이라는 걸 믿는 것입니다. 어떤 사람도 어떤 환경도 내 미래를 보장하지 않습니다. 하나님만이 내 미래를 보장하고 책임지십니다.

저는 불안하고 걱정될 때 시편을 읽기를 권합니다. 또 날마다 요한복음을 몇 장씩 읽기를 바랍니다. 적어도 하루에 30분씩 소리 내어 읽기를 권합니다. 믿음은 들음에서 나고 들음은 그리스도의 말씀으로 말미암습니다. 그리스도의 말씀을 소리 내어 읽고 비록 내 목소리지만 읽으면서 들으십시오. 계속해서 듣다 보면 믿음이 생깁니다. 내 안에 말씀이 차곡차곡 쌓이면 불안이나 걱정이 나도 모르는 사이에 빠져나갑니다. 말씀이 곧 생명이기 때문입니다. 내 안의 불안은 내 속에 말씀을 채움으로써 빠져나가게 해야 합니다. 말씀을 소리 내어 읽다가 공황장애를 극복한 간증들도 있습니다.

불안은 하나님께 플러그인되어 있지 않기 때문에 나타납니다. 나 자신이 전원인 배터리는 한계가 있습니다. 빠르게 방전됩니다. 방전되는 동안 줄곧 우리는 불안하고 화가 나고 짜증이 나고 질투와 시기에 시달리게 됩니다. 하지만 한계가 없는 하나님께 플러그인되면 그와 같은 증상들이 사라집니다. 불안과 분노와 걱정과 질투와 시기가 솟아나지 않습니다. 우리는 이런 상태를 성령 충만한 상태라고 말합니다. 그러니 우리 안에 성령님이 계셔서 우리를 인도해 주시는 것보다 중요한 것은 없습니다.

그럼, 성령이 계시는지 안 계시는지를 어떻게 알 수 있을까요? '말씀이 생각나느냐 아니냐'로 알 수 있습니다. 위기와 고난이 왔을 때 말씀이 생각나야 합니다. 말씀이 생각나지 않으면 걱정과 불안을 감당할 수 있는 능력이 없는 셈입니다. 그래서 말씀이 우리 안에 기억되는 것이 중요하고, 마음판에 새기는 것이 중요하며, 날마다 그 말씀을 되새김질하는 것이 중요합니다. 곧 말씀을 주야로 묵상해야 하는 것입니다. 이 말씀 묵상이 불안을 내쫓고 평강을 선물해줄 것입니다.

어떤 분은 코로나 시국에 20곡의 찬양을 4절까지 다 외웠다고 합니다. 찬양은 기도입니다. 기도는 말씀을 가지고 나아가는 하나님과의 대화입니다. 하나님과 대화한다는 것은 그분의 말씀을 듣는 것입니다. 그러니 불안하다면, 걱정이 된다면, 말씀을 소리 내어 읽든지 찬양을 부르든지 하십시오. 불안과 염려를 내쫓으려고 할 것이 아니라 불안과 염려가 내 안에서 견디지 못하고 제 발로 떠나가게 하십시오.

낙심하는 친구에게

● 낙심한 친구에게 진심을 담아 위로하고 싶습니다. 어떻게 해야 진정한 위로가 될 수 있을까요?

▲ 나 자신에게 정직한 것보다 더 큰 힘은 없습니다. 그럴 때 누군가에게 내 마음이 가 닿게 됩니다. 그런데 내가 하는 말보다 하나님의 말씀에 힘입어 하는 말은 더 큰 힘이 됩니다. 내 능력이 아니라 하나님 말씀의 능력을 힘입도록 하는 것입니다.

누가복음에는 중풍병자를 예수님께 데려온 친구들의 이야기가 나옵니다. 그들은 예수님을 둘러싼 군중이 너무 많으니까 지붕을 뚫고 중풍병자를 달아 내려 예수님을 만나게 합니다. 친구들은 예수님이 곧 답이라는 걸 알았습니다. 그분이 아니면 이 낙심되는 상황을 해결할 길이 없다는 걸 알았던 것입니다. 간절함이 길을 냅니다. 간절하면 반드시 길을 찾게 됩니다. 사랑하면 길이 보입니다. 사랑하면 반드시 길이 펼쳐지게 됩니다.

남이 한 번 생각할 때 열 번 생각하고, 남이 열 번 생각할 때 백 번 생각하고, 남이 백 번 생각할 때 천 번 만 번 생각했더니 길이 열렸다는 사람도 있습니다. 말이 쉽지 천 번 만 번 생각하기가 얼마나 어렵습니까? 그러나 간절하면 그 생각밖에 없습니다. 사랑하면 다른 생각하려고 해도 할 수가 없습니다. 왜 주님께서 사랑을 율법의 완성이라고 하시겠습니까? 사랑하면 하나님만 생각하게 되고 하나님 생각으로 가득한 사람은 율법에 반하는 삶을 살래야 살 수 없기 때문입니다.

'김규환 명장'은 대한민국에서 가장 많은 특허를 가진 사람입니다. 그는 글도 읽을 줄 모르는 무학으로 대우중공업의 잡부로 입사해서 이사 자리까지 오른 입지전적인 인물입니다. 한글도 읽을 줄 모르던 사람이 5개 국어를 말하고 남을 가르치는 교수까지 되었습니다. 저는 이런 분들의 얘기를 들으면 우리 믿는 사람이 너무 연약하다는 생각이 듭니다. 너무 위로받기를 원한다는 생각이 듭니다. 비록 내 형편이 어렵지만 나보다 어려운 남을 위로해 주다가 내가 위로받을 필요가 없어지는 것이 바른 신앙입니다. 나보다 더 힘겨운 사람들에게 시선을 돌려서 그 사람들을 돕다가 나는 도움이 필요 없어지는 것이 신앙의 역설입니다. 우리가 그런 신앙인이 되어야 하지 않겠습니까?

당신이 계속 '부족감'에 시달리는 이유

Q 그리스도인은 복의 근원, 복 자체라는 데 왜 만족보다는 부족감에 시달릴까요?

▲ 사람들 간에 갈등과 문제가 일어나는 이유는 우리가 부족한 존재이기 때문입니다. 구원은 이 부족함에서 벗어나는 것입니다. 어린아이에게는 만 원도 큰돈이지만, 재벌에게는 천억도 부족한 돈입니다. 자기중심적인 삶은 늘 부족함을 느낄 수밖에 없습니다. 늘 부족하기 때문에 자기 능력을 극대화해서 남의 것까지 빼앗아서라도 나를 충족시키고자 합니다. 성경은 이것을 죄라고 말합니다. 따라서 구원은 이 부족함에서 건짐 받는 것입니다. 어떻게 가능할까요? 무한에 접속하는 것이자 영원에 접속되는 것입니다.

전구는 스스로 빛을 내는 존재가 아닙니다. 누군가 스위치를 켜야 빛을 냅니다. 전구를 빛나게 하는 건 전기입니다. 전기는 발전소에서 만들어 냅니다. 우리에게 전기는 하나님입니다. 하나님께 접속되어야 우리는 빛을 낼 수 있습니다. 갓난 아기는 엄마 품에 있으면 안심입니다. 엄마 품 안에 있는 아기는 어떤 상황에서도 부족함에 시달리지 않습니다. 그러나 아기는 실제 아무것도 소유하고 있지 않습니다. 우리도 마찬가지입니다. 하나님 안에 거하는 것으로 족합니다.

인간이 걱정하고 불안해하고 불행을 느끼는 건 자아정체성을 갖기 시작하면서부터입니다. 그래서 성경은 우리가 어린아이처럼 되지 않으면 하나님 나라에 들어갈 수 없다고 합니다(마 18:3). 우리가 구원받았다는 것은 다시 어린아이처럼 되었다는 것입니다. childish(어린애 같은)가 아니라 childlike(아이같이 순진한)입니다. 어린아이와 같은 태도를 갖지 않으면 하나님을 경험할 수 없습니다. 하나님을 안다는 것은 하나님과 하나 되었다는 뜻이고 하나님이 내 안에 계신다는 의미입니다. 곧 구원입니다. 그럴 때 우리는 부족감, 결핍감, 불안감으로부터 자유하게 됩니다. 초월적인 삶(transcendent life)이 시작됩니다.

교회는 이 구원을 함께 경험하는 공동체여야 합니다. 교회가 잘 먹고 잘사는 일에 목을 매거나 빌딩을 더 크게 짓는 일에 목을 매면 교회의 본질에서 벗어난 것입니다. 그런 교회는 구원을 경험하고 구원을 증언하는 공동체가 아니라 계속 부족을 경험하고 더 많은 소유를 갈망하는 세상이 되고 맙니다. 하나님의 구원을 경험하고 날마다 그 구원을 누리며 사는 하나님의 자녀들이 곧 복의 근원입니다. 복은 세상에 있지 않습니다. 복은 오직 하나님께 있습니다. 복은 오직 하나님의 백성들에게 있습니다. 교회는 세상에 진정한 복이 무엇인지를 증언하고 그 복을 흘려보내는 유일한 공동체입니다.

복수하고 싶은 사람이 있을 때

반드시 원수를 갚아 주고 싶은 사람이 있어요. 하나님은 복수하시는 하나님이라고 들었는데 하나님의 자녀인 그리스도인이 복수해도 되나요?

▲ 성경은 원수 갚는 것은 하나님께 있다고 합니다. 우리에게 있지 않다는 겁니다. 이 말씀은 우리를 사랑하시는 하나님의 권면입니다. 우리가 원수에 묶이고 보복에 사로잡히면 한 걸음도 나아가지 못하기 때문입니다. 신앙은 미래를 향해 가는 걸음인데 복수를 하겠다는 것은 과거에 스스로가 묶이는 일입니다. 그러니까 "원수 갚는 것이 내게 있으니 내가 갚으리라"(롬 12:19)는 '거기서 풀려나 자유로워져라. 그러면 너를 반드시 내가 원하는 곳으로 데려갈 것이다. 이 일을 내가 처리하나 안 하나 두고 보라'는 말씀입니다. 그래서 인내는 우리 신앙의 또 다른 이름이 됩니다. 다윗이 하나님께 원수 갚는 일을 맡기고 인내한 시간이 십수 년입니다.

그런데 우리가 복수하고 싶은 그 사람은 대개 나보다 강한 사람입니다. 그러니 내 힘으로 어쩌지 못해서 하나님께 "재 좀 때려 주세요" 하는 것과 같습니다. 만일 그 사람이 나보다 약했으면 벌써 내가 손을 봐줬겠지요.

여기서 생각해 볼 것이 있습니다. 정말 그 사람만 잘못했을까요? 하나님께 울고불고하며 기도하는데 하나님이 "너도 잘못했잖아"라고 말씀하실 때는 없습니까? 사실 나도 분명 잘못한 일이 있을 수 있습니다. 그러면 내가 복수하고 싶은 그 사람도 나를 원수로 여기겠지요. 그러므로 잘 분별해서 기도해야 합니다.

신앙생활하며 세상 친구들이 불편해질 때

Q 믿음 생활을 제대로 하기 시작하면서 안 믿는 친구들과 만나는 자리가 불편합니다. 어떻게 해야 할까요?

▲ 저도 그런 갈등이 참 많았습니다. 꼭 필요한 자리가 아니면 만남의 자리를 줄이라고 말해 주고 싶습니다. 사람들을 만나 실수도 하고 허물도 덮어 주고 하면서 우리의 외연이 확장되는 게 사실이지만, 그리스도인은 하나님 앞에 앉는 시간이 절대적으로 필요합니다. 자연스럽게 사람을 만나는 시간이 줄어들 수밖에 없습니다.

인간관계가 그 사람의 경쟁력이라고 흔히 말하는데 저는 그 말에 동의하지 않습니다. 인간관계는 어떻게 보면 허망한 관계일 수 있습니다. 저는 직장 생활하던 시절에 월급의 상당한 부분을 술값으로 썼습니다. 꽤 많은 사람들에게 술을 샀습니다. 하지만 제가 신학교 간 이후로 그 많던 사람들 중에 제 곁에 남아 있는 사람은 없습니다. 유일하게 한 친구가 저를 찾아와 격려해 주었습니다.

하나님께 집중하면 하나님께서 필요한 사람은 만나게 하시고 불필요한 만남은 줄여 주십니다. 우리 교회의 안 목사님을 보면 과연 하나님이 인생을 섭리하시는 걸 알 수 있습니다. 보통 결혼 전에 이 사람 저 사람 만나며 시행착오를 겪습니다. 그런데 안 목사님과 사모님은 그런 시행착오 없이 만나자마자 서로 마음을 나누고 일사천리로 결혼했습니다. 두 사람의 만남은 아담과 하와의 만남처럼 하나님의 계획으로 이뤄졌구나, 이게 믿음의 축복이구나, 그런 생각이 듭니다.

저는 여러분이 죽을힘을 다해 공들인 인간관계 때문이 아니라 하나님 앞에 잠잠히 머물렀더니 남다른 경쟁력을 주셨다는 고백을 드릴 수 있게 되기를 축복합니다. 그게 믿음으로 나아가는 삶입니다. 물론 그 삶이 결코 소극적이거나 게으른 삶이 아니라는 것을 아실 것입니다. 그것은 주어진 일과 맡겨진 사명에 최선을 다하기 위해 적절하지 않은 만남과 관계를 절제하는 지혜입니다.

강압적으로라도 성경 공부해야 할까?

● 예전에 아버지와 성경 공부를 한 적이 있는데, 제가 아버지의 질문에 답을 제대로 못하면 불같이 화를 내셔서 중단해야 했습니다. 이후로 한동안 아버지와 소원해졌다가 요즘 다시 원만해지고 있는데, 아버지가 다시 성경 공부를 하자고 하십니다. 아버지는 거의 24시간을 성경 얘기만 하고 저도 그러길 바라시지만, 아버지와 성경 공부할 것만 생각하면 숨이 턱 막히는 것 같습니다. 어떻게 해야 할까요?

▲ 열두 제자는 예수님의 공생애 동안 예수님과 성경 공부를 했을까요? 아닙니다. 예수님과 제자들은 하루 종일 같이 살았습니다. 예수님은 아침저녁 시간을 쪼개어 오전에는 창세기를 가르치고 오후에는 레위기를 가르치는 식으로 제자들과 시간을 보내지 않으셨습니다. 그저 찾아가신 마을에서 복음을 전하고 찾아오는 병자들을 치유하고 일상의 자리에서 말씀을 가르치는 모습을 보여 주셨을 뿐입니다. 다만 하나님을 사랑하고 이웃을 자기 목숨처럼 사랑하셨고 너희도 그렇게 살라고 하셨습니다.

전도가 먼저가 아닙니다. 사랑이 먼저입니다. 사랑받고 사랑할 수 있는 존재가 되는 것이 먼저입니다. 누군가를 사랑하기 시작하면 전도는 저절로 되게 마련입니다. 나를 사랑하는 사람이 하는 말, 행동이 매력적으로 보이면 그 사람을 따르게 되어 있습니다. 사랑하는 게 느껴지지 않는데 자꾸 믿으라 하면 짜증 납니다. 귀찮습니다. '당신이나 잘 믿어라' 하게 됩니다.

제가 질문자의 아버지라면 성경을 가르치려 하기보다 "하루에 30분만 같이 성경을 읽자"고 할 것 같습니다. 언젠가 TV를 보니 유튜브로 3개 국어를 배운 초등학생이 나오더군요. 흥미만 있으면 굳이 아버지가 가르치지 않아도 본인이 배움에 빠져듭니다. 예수님의 사랑을 알게 되면 누구나 성경이 궁금하고 더 알고 싶고 더 깊이 묵상하게 됩니다. 손흥민 선수는 축구하면서 스트레스를 푼다고 합니다. 우리도 성경을 읽으며 스트레스를 풀 수 있으면 좋겠습니다. 그렇게 말씀을 사랑하고 즐길 수 있기를 바랍니다.

코인에 빠진 우리 아빠, 괜찮을까?

● 아빠는 자신이 코인을 하게 된 것에 하나님께 감사한다고 하세요. 코인이 우리 가족의 부족함을 채워 줄 기회라고 생각하는 것 같아요. 아빠는 하루도 하나님 얘기를 빼먹지 않던 신실한 분이셨는데 요즘 좀 당황스럽습니다. 아빠는 하나님을 믿는 게 아니라, 코인을 믿는 것 아니냐고 비판했더니 내년까지만 하겠다고 하십니다. 솔직히 한심한 생각이 듭니다. 성경은 부모님을 공경하라는데 이 마음으로는 아빠를 공경하기가 어렵습니다.

▲ 부모님을 공경하라는 것은 부모님을 사랑하라는 의미입니다. 질문자는 이미 충분히 아빠를 사랑하시니 그것 때문에 죄책감을 느낄 필요는 없습니다. 다만 이 기도 제목을 가지고 하나님께 나아가 기도하기를 바랍니다. 아빠가 이미 코인을 통해 이익을 봤다면 쉽게 돌이키지 않을 겁니다. 사랑으로 기도하십시오. 나의 아버지이지만 하나님 아버지의 아들입니다. 기도는 이 사실을 확인하는 것입니다.

코인 문제는 답이 간단합니다. 내가 정상적인 직업을 통해 얻는 수입보다 코인으로 버는 수입이 많으면 직업에 충실할 수 없습니다. 직업에 대한 소명 의식도 집중력도 사라집니다. 그렇다고 코인이 천직일까요? 질문자의 아빠는 내년까지만 코인을 하고 그만두겠다고 말합니다. 그렇다면 코인을 천직으로 여기거나 소명 의식이 생겨서 하는 것이 아니지요. 단지 돈에 대한 관심으로 하고 있는 겁니다.

자본주의 사회에서 가장 위험한 것이 돈에 대한 지나친 관심입니다. 지금 이 시대는 돈이 공중권세를 잡고 있습니다. 돈을 좇으면 돈의 노예로 살게 됩니다. 성경은 "하나님과 재물을 겸하여 섬기지 못한다"고 말씀합니다. 돈을 좇으면 하나님을 섬길 수 없다는 경고입니다. 예수님은 무엇을 입을까, 무엇을 먹을까 걱정하지 말라고 하셨습니다. 우리가 하나님이 주신 소명을 따라 살면 돈 걱정하지 않아도 됩니다.

큰 부자는 되지 않을 겁니다. 그런데 큰 부자가 되어서 뭐 하겠습니까? 부자는 허상에 불과합니다. 돈을 더 많이 벌어서 돈으로부터 자유하겠다? 그런 일은 없습니다. 자본주의라는 거대한 중력에 맞서는 힘은 돈이 아니라 믿음입니다. 돈은 그 중력의 핵심입니다.

어느 택시 운전사가 20~30년 전부터 어떤 기업의 주식을 조금씩 사서 큰 이익을 보았다는 기사를 보았습니다. 그가 돈을 쓴 방식은 투자입니다. 기업의 미래를 보고 투자한 것입니다. 기업은 이런 투자를 통해 성장하게 됩니다. 하지만 투자가 아닌 투기가 되면 다른 얘기입니다. 라스베이거스 가서

잭팟을 터뜨렸다는 뉴스를 전해 듣습니다. 그런데 그 결국은 빈털터리입니다. 빈털터리가 될 때까지 거기에 매달리기 때문입니다. 투기로 인생역전이 되는 일은 없습니다. 이 환상에서 빨리 빠져나와야 합니다. 인생역전은 하나님만이 하실 수 있습니다.

게임에 빠진 아들, 어떻게 할까?

Q 아들이 인터넷 게임에 빠지더니 제게 욕을 하고 폭력을 행사하기도 합니다. 어떻게 해야 할지 혼란스럽고 고통스럽습니다.

▲ 모든 중독의 뿌리는 사랑 결핍입니다. 중독은 뇌 회로가 파괴된 상태입니다. 이것을 회복하려면 파괴되기까지의 시간보다 훨씬 많은 시간을 들여야 합니다. 어떤 부모는 쇼핑 중독에 빠진 자녀로 인해 반지까지 팔아 카드빚을 갚아주었다고 하고, 어떤 부모는 알코올중독의 자녀를 위해 같이 술을 마셨다 하고, 어떤 부모는 자녀와 같이 게임을 하다 본인이 게임 중독이 되었다는 얘기도 듣습니다. 중독은 참 쉽지 않은 문제입니다.

그러므로 무엇보다 먼저 마음을 느긋하게 먹어야 할 것입니다. 단숨에 해결되지 않습니다. 오랜 시간이 걸릴 것입니다. 단칼에 뿌리 뽑겠다고 하다가는 아이가 가출해 버리거나 더 큰 낭패를 볼지도 모릅니다. 인내하고 견디며 응원의 메시지, 사랑의 메시지가 자녀의 마음에 닿도록 끊임없이 표현해야 합니다. 엄마 아빠가 자녀를 여전히 믿고 사랑한다는 사실을 깨달을 때까지 계속해야 합니다. 정말 날마다 십자가를 지고 걷는 길입니다.

이럴 때 필요한 것은 공동체의 지지와 위로입니다. 이 엄마의 애끓는 마음을 알아주는 두세 사람만 있어도 큰 힘이 됩니다. 그 두세 사람이 이를 위해 함께 기도해 준다면 더할 나위 없이 귀합니다. 매일 시간을 정해 놓고 함께 기도해 준다면 그야말로 영적인 십자포화를 퍼붓는 일입니다. 어느 순간 아이가 게임을 절제하거나 스스로 멀리하는 기적 같은 일이 일어날 것입니다.

저는 33년간 술을 마셨습니다. 결혼하고도 술을 끊지 못해 한밤중에도 술친구들을 집에 데려와 술을 마셨습니다. 아내는 술상도 차려 주고 다음 날 아침 해장국까지 끓여 주었습니다. 아내의 그런 인내와 헌신이 오늘 저를 있게 했습니다. 한 영혼을 구원하는 일은 이처럼 누군가의 헌신과 인내가 필요한 일입니다. 쉽지 않겠지만 부모님의 인내와 헌신을 하나님께서 보상해 주시리라 믿고 응원합니다.

3장

어떻게 하면 잘 살 수 있을까요?

_ 돈
_ 꿈
_ 삶의 태도
_ 직장생활

어떤 삶이 잘 사는 걸까?

● 흔히 건강, 돈, 시간이 있어야 잘 사는 거라고 합니다. 목사님이 생각하는 잘 사는 것이란 무엇입니까?

▲ 건강과 돈, 시간이 있으면 '편하게' 살 수 있습니다. 또 잘살 수도 있습니다. 그런데 이 세 가지가 꼭 잘 사는 필요충분조건은 아니라고 봅니다. 백만장자라도 불행하게 사는 사람이 참 많습니다. 건강한 육신으로 음란하게 살면서 다른 사람을 불행하게 만드는 사람도 많습니다. 가진 것이 많아 평생 게으르게 살면서 시간을 쓸모없는 것들에 낭비하는 사람도 있습니다.

제가 아는 젊은이는 하반신 불구인데 놀랍게 잘 삽니다. 어떤 분은 돈이 없는데도 끊임없이 남을 돕는 아이디어를 내며 잘 삽니다. 잘 사는 게 무엇입니까? 어떻게 살아야 잘 사는 걸까요? 분명한 것은 환경이나 조건이 잘 살고 못 살고를 결정하지 않는다는 것입니다. 그보다는 내가 잘 살기로 결정할 때 잘 살 수 있습니다. 그런데 어떻게 사는 것이 정말 잘 사는 것입니까?

성경의 원리에 주목하면, 잘 사는 것은 나보다 먼저 남을 잘

되게 하는 삶입니다. 제가 아는 어떤 분이 오랜 시간 직장을 얻지 못해 백수로 살다가 아웃리치를 떠나게 되었습니다. 이 분이 현장에 가서 남의 짐도 들어 주고 궂은일도 마다하지 않고 성실하게 봉사했습니다. 같이 아웃리치를 떠난 분 중에 이를 지켜보던 어떤 분이 이 젊은이를 자기 회사에 채용했습니다. 중견 기업의 CEO였던 겁니다.

이분이 오랜 백수 생활을 끝낼 수 있었던 것은 그가 잘 살았기 때문이라고 생각합니다. 백수 생활 오래 하면 열등감도 생기고 자격지심에 시달리기 쉽습니다. 그런데 이분은 백수로 살면서도 자기 자신을 지켰습니다. 원망하고 불평하고 미워하고 비교하는 못난 감정에 자기를 버려두지 않았습니다. 이게 쉬운 일일까요? 절대 쉽지 않습니다. 환경이나 조건에 굴하지 않고 그보다 높은 가치를 좇았기에 잘 살 수 있었다고 생각합니다. 이렇게 자기를 지키며 잘 살 때 기쁨과 보상이 따르게 됩니다. 우리 모두 잘 살기를 바랍니다.

돈을 많이 벌고 싶어요

Q 저는 개인 사업을 하는 사람입니다. 일을 사랑하지만 돈을 한번 많이 벌어 봤으면 하는 마음이 있습니다. 한편 돈이 많아지면 제가 주님과 멀어질 것 같다는 생각이 들기도 합니다. 한마디로 준비가 안 된 상태로는 돈이 많아져도 오히려 주님과 멀어지게 될 것 같아요. 맞나요?

▲ 큰 꿈을 가지면 돈은 따라오게 되어 있다고 말씀드리고 싶습니다. 돈을 위해 살면 꿈도 잃어버립니다. 절대로 돈이 더 크다고 생각하지 마십시오. 돈은 그냥 '숫자다' '개념이다'라고 생각하면 됩니다. 옛날에는 돌도 돈이었습니다. 큰 돌을 가진 사람이 부자였던 곳도 있습니다. 그러니까 돈이 우리 인생의 목적이 되어서는 안 됩니다. 돈이 인생의 목적이 되면 돈의 많고 적음에 묶여 버리고 그러면 돈의 통제를 피할 수 없게 됩니다. 맘몬이 노리는 점이 바로 이것입니다. 사람을 화폐경제 시스템의 부속물로 전락시키는 겁니다. 그러므로 비전이 없으면 많든 적든 돈의 노예가 되고 맙니다.

빌 게이츠는 '모든 데스크와 집에 컴퓨터가 놓이는 꿈'을 꾸었고, 헨리 포드는 '모든 사람이 자동차를 타고 다니는 세상'

을 꿈꾸었습니다. 이 꿈이 있어서 그들은 거대한 부를 갖게 되었습니다. 그러므로 꿈이 먼저여야 합니다. 돈은 따라와야 합니다. 꿈꿨는데 억만장자가 되지 못한다 해도 괜찮습니다. 꿈꾸는 인생을 산 것으로 족합니다. 꿈을 좇아 살다 설혹 그 꿈을 이루지 못했더라도 다음 스텝을 위한 경험을 얻은 것이니 남다른 자산으로 쌓입니다.

예수님은 제자들이 꿈에 도전하도록 하셨습니다. 평생 고기만 잡다가 인생 끝날 것 같은 제자들에게 찾아오셔서 너는 이후로 사람을 낚을 것이라고 도전하셨습니다. 예수님은 우리에게 목숨을 걸어도 좋을 위대한 꿈을 주십니다. 돈을 좇으면 돈을 얻어도 사람을 잃는 일이 다반사입니다. 그러나 사람을 좇으면 사람을 얻고 돈은 덤으로 얻습니다. 내 주변의 사람들이 내가 먼저 대접한 대로 나를 대접할 것이기 때문입니다.

잘하는 게 없어요

● 하나님을 위해 할 수 있는 게 없어요. 잘하는 게 하나도 없거든요. 그저 예배드리고 말씀 읽고 올바르게 살려고 할 뿐입니다. 이것으로도 하나님을 영광스럽게 할 수 있을까요?

▲ 예수님은 "하나님께서 보내신 이를 믿는 것이 하나님의 일이라"(요 6:29) 하셨고 "너희가 여기 내 형제 중에 지극히 작은 자 하나에게 한 것이 곧 내게 한 것이라"(마 25:40)고 말씀하셨습니다. 우리는 뭔가 큰일, 위대한 일이 하나님의 일이라고 생각하지만, 하나님은 우리가 믿고 사랑하고 소망하는 모든 일이 하나님의 일이라고 하십니다.

저는 아이와 놀아 주면서, 아이로 인해 고통을 느끼면서 이것이 하나님의 일이라는 걸 깨달았습니다. 하고 싶지 않지만, 불편하지만, 아이의 눈높이에 맞춰 이야기를 나누고 함께 시간을 보내는 이 일이 하나님의 일이구나 생각했습니다. 그것이 사랑하는 일이고 믿음을 심는 일이기 때문입니다. 설교하고 전도하는 게 분명 하나님의 일이라고 생각했는데, 그것도 내 욕망이나 탐심에 사로잡혀서 한 일이라면, 하나님의 일이 아니라 내 일이며 심지어 우상이라는 것도 알았습니다.

하나님의 일을 하겠다고 안달하다가 하나님의 일이 아니라 내 일에 빠져들기 쉽습니다. 서두를 것 없습니다. 먼저 하나님을 아는 것이 중요합니다. 하나님이 사랑하라 해서 사랑하는 척하는 것이 하나님의 일일까요? 가족조차 제대로 사랑하기 힘든 우리가 누구를 사랑한다고 말할 수 있겠습니까? 하나님께서 거룩하라 하셔서 최선을 다해 거룩을 힘쓴다고 거룩해지겠습니까? 사랑하려면, 거룩하려면, 먼저 하나님을 알아야 합니다. 하나님을 알아야 하고 하나님을 만나야 하고 하나님과 사귀어야 합니다.

하나님은 인격적인 분이십니다. 우리의 분노, 슬픔, 기쁨, 고통을 충분히 이해하고 공감할 수 있는 분이십니다. 그런 하나님을 만나는 것이 필요합니다. 위대한 능력의 하나님을 만나는 것이 급한 일이 아니라 하나님 아버지, 아빠이신 하나님을 인격적으로 먼저 만나는 것이 중요합니다. 만나기를 힘쓰는 그것이 우리의 어떤 행위보다도 하나님을 기쁘시게 할 것입니다.

높은 자리에 올라 성공하고 싶어요

Q 더 높은 자리에 오르고 더 성공하고 싶은 마음이 드는데 괜찮은 건가요? 어떻게 조절해야 하나요?

▲ 중요한 건 더 높은 자리에 올라 '무엇을 할 것인가'입니다. 궁극적인 삶의 가치가 정립되어 있지 않으면 높은 자리에 오른 그 순간만 잠시 기쁠 뿐입니다. 성취하고 나면 허망해집니다. 큰돈 벌고 나서 실패하는 사람을 얼마나 많이 봅니까? 권력을 얻고 나서 실패하는 사람이 얼마나 많습니까? CEO가 되고 장관이 되고 교수가 되고 유명 인사가 되고 인기 연예인이 되는 것이 중요합니까? 아니면 그렇게 되고 나서 그 자리에서 무엇을 실현할 것인가가 중요합니까? 만약 우리가 실현하고자 하는 가치가 그 자리에 오르지 않아도 이룰 수 있다면 굳이 그 자리까지 가지 않아도 됩니다. 자리가 목적이 된다면 허망할 따름입니다.

27세 된 전도사 부인이 누가 자기더러 "아줌마" 하고 불렀다고 화가 났다는 이야기를 들었습니다. 아줌마면 어떻고 사모님이면 어떻습니까? 목사 안수 받은 분한테 예전의 습관대로 전도사님 부르면 큰일 난다고 합니다. 전도사면 어떻고 목사면 어떻습니까? 복음을 전하러 목회하는 것이지 목사 되려고 목회하는 것이 아니지 않습니까? 우리 사회에 이런 권위주의의 허울을 벗지 못한 곳이 참 많습니다. 권위는 상대가 인정해 주어야 권위입니다. 여러분이 저를 목사로 인정해 줘야 목사의 권위가 생기지 제가 아무리 주장하고 요구한들 무슨 권위가 있습니까?

자리에 연연하면 목적을 잃게 됩니다. 내가 어떤 가치를 중심에 두고 있는지 끊임없이 확인하는 것이 중요하지 어떤 자리에 앉는 것과 어떤 직함으로 불리는 것이 중요한 게 아닙니다. 사람들이 중요하다고 믿는 것과 하나님이 중요하다고 하시는 것은 상반될 때가 많습니다.

성공해야 행복할까?

Q 어른들은 성공해야 한다고 말하는데 저는 성공보다는 행복하고 싶습니다. 어른들 말처럼 성공해야 행복할까요?

▲ 성공이란 무엇입니까? 사람들이 알아주고 우러르는 것입니까? 알아준다면 모든 사람이 알아줘야 합니까, 아니면 절반만 알아줘도 성공입니까? 과연 그 수를 어떻게 측정할 수 있습니까? 행복은 무엇입니까? 사람마다 기준이 다른데 행복을 정의할 수 있습니까? 저는 찾던 꿈을 발견하는 것도 성공이라고 생각합니다. 그 꿈을 향해 가는 게 행복입니다. 꿈을 가진 사람은 실패할 수가 없습니다. 다만 내 기대와 다른 경우를 경험하는 것뿐입니다. 꿈을 가진 사람은 실패에 머물지 않기 때문입니다.

인생의 목표는 성공도 아니고 행복도 아닙니다. 안타깝게도 성공과 행복은 매스미디어에 의해 정의되고 동시에 크게 오염되어 있습니다. 언론사에서 25년간 일한 경험에 비춰 말씀드리는데, 가능하면 미디어를 신뢰하지 않는 것이 지혜입니다. 미디어를 전혀 접하지 않으면 세상을 알 수 없게 되지만, 미디어를 너무 많이 접하면 타락한 세상의 기준을 무분별하게 수용하게 됩니다.

미디어는 메시지를 만드는 사람의 의도를 전파하는 도구이기 때문에 위험합니다. 인간의 의도는 정직하지 않기 때문입니다. 많은 경우 악의적입니다. 미디어는 이 의도를 진실인 것처럼 포장해서 우리를 속입니다. 미디어가 소개한 성공한 사람들이 모두 행복한 삶을 살고 있습니까? 세상이 성공했다고 인정하는 사람들이 불행한 삶을 사는 경우를 우리는 많이 봅니다. 따라서 미디어가 주장하는 기준은 신뢰할 수 없는 것들입니다. 대부분 진실도 아니고 더구나 진리와는 무관합니다.

저는 젊은이들이 성공을 목표로 삼기보다 세상이 흔들어 대는 물결에 휩쓸리지 않을 확고한 가치관을 세우는 게 중요하다고 생각합니다. 가치관을 세우는 일은 인생의 기초를 놓는 일입니다. 지금 부지런히 땅을 깊게 파서 기초를 튼튼히 해야 합니다. 그 기초 위에 꿈을 세우는 게 젊은이가 할 일입니다. 그렇지 않으면 태풍 한번 불면 훅하고 넘어집니다. 젊은이가 꿈을 잃으면 우리의 미래는 없습니다. 부모가 세운 기초는 부모에게 맞는 것일 뿐입니다. 자녀 인생의 기초는 자녀가 놓아야 합니다. 젊은이가 기성세대에 맞서서 자신들의 길을 냈기에 역사는 지금과 같은 발전을 이룩했다고 생각합니다.

저는 50대가 넘어서야 진정한 행복이 무엇인지 알았습니다. 나 혼자 행복한 것은 의미가 없습니다. 나는 행복한데 내 가족이 불행하다면 내 행복이 무슨 의미가 있습니까? 행복은 알고 보면 내가 사랑하는 사람을 기쁘게 하는 것입니다. 내가 기쁜 것보다 내가 사랑하는 사람이 기뻐하는 것을 지켜볼 때 더 기쁘지 않습니까? 내가 행복한 것보다 나의 가장 가까운 가족이 행복할 때 훨씬 더 행복하지 않습니까? 성경은 하나님 사랑과 이웃 사랑 없이 인간이 진실로 행복할 수 없다는 것을 알려 줍니다. 그리고 분명한 것은 성공과 행복은 생각보다 고리가 약합니다.

젊은 시절 무엇을 준비해야 할까?

Q 20대 초반의 대학생입니다. 하나님께 쓰임 받으려면 뭔가 준비해야 할 텐데, 아직 명확한 비전을 받은 바가 없어서 무엇을 준비해야 할지 모르겠습니다.

A 미국에서 PGA 선수를 선발할 때 가장 먼저 보는 것이 거리입니다. 공을 멀리 치는 사람은 방향만 조정해 주면 프로가 될 수 있기 때문입니다. 프로는 멀리 쳐야 합니다. 20~30대에는 공을 멀리 치는 연습을 해야 합니다. 열정이 뜨거운 나이입니다. 모세도 열정이 뜨거워서 분을 이기지 못하고 사람을 죽였습니다. 이후 하나님께서 방향을 조정해 주어 출애굽의 주역으로 그를 사용하셨습니다.

그러니 무엇을 준비할까 고민할 필요가 없습니다. 무슨 일이 주어지든지 열정을 가지고 전심전력으로 그 일을 수행하면 됩니다. 주어진 일에 몸과 마음과 뜻과 힘을 다해 쏟아붓고 닥친 어려움을 이겨 내는 경험이 중요합니다. 그 경험이야말로 인생의 가장 소중한 자산 중 하나입니다.

지금 이 세대의 가장 큰 비극은 좀처럼 그런 열정을 갖지 않는다는 겁니다. 열정이 있어야 고난에 뛰어들 힘도 있고 고난을 이길 힘도 있고 고난을 짊어질 기회도 있습니다. 바울은 스데반을 돌로 쳐 죽이는 현장에 갈 만큼 열정적인 사람이었습니다. 예수 믿는 자들을 잡아들이기 위해 멀리 다메섹까지 달려간 사람입니다. 그는 율법을 지키는 데 목숨을 걸었던 사람입니다. 하나님은 그런 바울의 열정을 사용하셔서 이방인의 사도로 세우셨습니다. 베드로도 예수님의 수석 제자라 불릴 만큼 열정적인 사람이었습니다. 예수님을 세 번이나 부인하는 실패를 하였으나 하나님은 끝내 베드로를 교회의 반석으로 삼으셨습니다.

젊음의 특권이 무엇입니까? 실패를 두려워하지 않는 것입니다. 도전하는 것입니다. 너무 신중하지 않아도 좋습니다. 목표를 제대로 세웠다면 젊을 때는 달려야 합니다. 하나님께서 때를 따라 그리고 필요에 따라 섬세하게 조정해 주실 겁니다. 하나님이 주신 능력은 탁월합니다. 하나님이 주신 능력으로 하는 일들은 탁월함을 드러내게 되어 있어요.

또한 하나님의 열정은 꺼지지 않는 불입니다. 그 불은 죽는 날까지 꺼지지 않습니다. 메마른 땅을 종일 걸어가도 피곤치 않게 하실 줄 믿으십시오. 아무리 어려운 상황에서도 독수리 날개 치듯 새 힘을 주시는 분인 줄 믿으십시오. 그게 믿음이고, 믿음으로 사는 삶입니다.

아무도 알아주지 않아요

Q 40대 초반의 직장인입니다. 세상의 빛과 소금으로 살고자 직장에서 남들이 꺼리는 허드렛일도 마다하지 않고 더 성실하게 일하고 있습니다. 하지만 사람들은 고마워하기는커녕 오히려 제게 모든 허드렛일을 떠넘깁니다. 퇴사하고 싶지만 당장 현실의 어려움이 발목을 잡으니 그것도 마음대로 되지 않습니다.

▲ 마음이 얼마나 힘들지 그 고통이 충분히 이해됩니다. 그런데 빛과 소금처럼 산다는 게 무엇일까, 먼저 이 질문부터 해야 한다고 생각합니다. 무슨 일을 할 때 그 일의 목적과 동기를 잘 점검해야 합니다. 사람들이 나의 선함을 알아주기를 바라서 그 일을 했다면 대단히 잘못 생각한 것입니다. 사람들은, 세상은 여러분의 선함을 알아주지 않습니다.

예수님의 십자가를 사람들이 알아줍니까? 알아주지 않는다고 예수님이 속상해하십니까? 화를 내실까요? 예수님은 사람들의 인정이나 대접이나 존경을 받고자 십자가를 지지 않으셨습니다. 하나님 안에서 하나님의 뜻을 따라 십자가를 지셨습니다. 내가 생각하는 선한 일을 한다고 빛이 되고 소금이 되는 것이 아니라, 내 안에 주님이 오셔서 나를 빛으로 소금으로 살게 하시는 것입니다. 나로부터 비롯된 선함은 오래 가지 못합니다. 금방 바닥이 나게 마련입니다. 그러니 억지로 선하게 살려고 하지 마십시오. 사람을 의식해서, 사람들이 알아주고 칭찬해 주길 기대하면서 하지 마십시오. 내 안에 있는 기쁨으로 하십시오. 기쁜 만큼만 하십시오.

우리가 의식할 분은 하나님 한 분이면 됩니다. 내가 이렇게까지 했는데 아무도 알아주지 않는다고 섭섭해할 필요가 없습니다. 남들이 꺼리는 허드렛일을 하는 것이 더 이상 기쁨이 되지 않는다면 그렇게 할 필요 없습니다. 다른 사람들이 고맙게 여길 것이라 기대하지 마십시오.

그리스도인으로 사는 일은 만만한 일이 아닙니다. 세상의 기준과 관행을 벗어난 삶이어서 언제나 힘듭니다. 사람들과 좋은 관계를 맺기도 쉽지 않습니다. 이 고통, 이 어려움은 주님이 주시는 기쁨으로만 이길 수 있습니다. 이 기쁨이 없으면 탈진할 수밖에 없습니다. 위선의 탈을 쓸 수밖에 없습니다.

제가 주일 설교를 위해 머리를 쥐어짜고 있으면 아내가 제게 묻습니다. "당신, 설교 준비하는 게 진짜 기뻐? 안 기쁘면 뭐 하러 설교해. 당신도 힘든 설교를 누가 듣겠어!" 그러면 머리를 세게 맞은 것처럼 멍해집니다. 아내가 무심하게 한 이 말은 바로 하나님의 음성입니다. 하나님이 제게 정신 차리라고 듣게 하신 말씀입니다. 설교 준비하면서 마음에 감동이 있고 기쁨이 차오르면 얼른 날이 밝아 성도들에게 설교하고 싶어집니다. 창세기 설교를 준비하면서 그랬습니다. '많은 사람이 창세기를 다뤘는데 왜 나까지 창세기를 설교해야 하지? 하나님이 나를 통해 특별히 하시고 싶은 말씀이 있구나' 싶으니까 제가 제 설교를 기대하게 되었어요.
마치 불구덩이에 몸을 던지듯 싫은 걸 억지로 하고 있다면 당장 그만두는 게 좋습니다. 무슨 일을 하든지 기쁨으로 해야지 억지로 해서는 안 됩니다. 그리고 우리 안의 기쁨은 하나님이 공급하시는 마르지 않는 샘에서 솟아나야 합니다. 이 기쁨은 생명수와 같습니다. 이 기쁨이 마르지 않으면 지치지 않습니다. 이 기쁨으로 감당하는 일은 누가 알아주지 않아도 섭섭하지 않습니다. 오히려 하나님과 나만 아는 은밀함의 의미를 알게 됩니다. 그리고 무엇보다 그 일을 끝까지 할 수 있습니다.

입으로만 그리스도인, 어떻게 대해야 할까?

Q 상사가 너무 싫습니다. 어떤 건의를 해도 듣는 척만 할 뿐 결국 자기 하고 싶은 대로 합니다. 또한 거래처와 업체 간의 이간질에 집중합니다. 이분 때문에 많은 동료들이 회사를 그만두었습니다. 사실 저도 퇴사하고 싶습니다. 그런데 이분이 그리스도인이라서 마음이 더 괴롭고 갈등이 생깁니다.

▲ 입으로 그리스도인이라고 말하는 사람들을 절대 믿지 마십시오. 그리스도인은 입으로 증명되는 것이 아니라 삶으로, 열매로 증명되는 사람입니다. 어쩌면 가짜라서 더 자기가 그리스도인이라고 말하고 다니는지도 모릅니다. 진짜는 주장할 필요가 없습니다.

상사 때문에 퇴사하고 싶다면 창업을 권유합니다. 도전도 젊은 시절에 해야 하고 실패도 젊은 시절에 해야 합니다. 젊은 시절의 실수와 실패는 인생을 더 단단하게 만듭니다.

그런데 상사는 원래 다 밉습니다. 듣기가 조금 민망하지만 저희 할머님께서 "변이 위에서 아래를 누르지 아래에서 위를 누르냐?"는 말씀을 이따금 하셨습니다. 윗사람은 원래 위에서 내리누르는 사람이지 아랫사람 말 잘 듣는 사람이 아니라는 뜻입니다. 사실 내가 윗사람을 바꾸는 건 무척 어렵습니다. 물론 불가능한 일은 아닙니다. 그러나 대다수의 윗사람은 아랫사람 말을 듣고도 제 생각대로 하느냐, 아예 듣지도 않고 제 마음대로 하느냐 두 종류만 있을 뿐입니다. 저도 직장생활할 때 윗사람들과 적지 않게 부딪쳤습니다. 저 상사보다 내가 이 직장에서 더 오래 버텨 보겠다고 결심하면서 이를 악물고 견뎠습니다. 시간이 지나니까 나가야 할 사람 다 나갔고, 저도 때가 되니 나가게 되더군요.

그런데 꼭 이 얘기만은 해드리고 싶습니다. 저를 누구보다 힘들게 한 그 상사가 먼 훗날 돌아보면 저를 가장 성장시킨 사람 가운데 한 사람입니다. 오히려 제게 잔소리 한 번 안 하고 편하게 지내기만 한 상사들은 이름조차 기억나지 않습니다. 국화꽃 한 송이가 피기 위해 천둥 번개가 치고 무서리가 내려야 한다면 한 인간이 성장하고 성숙하기 위해서는 얼마나 더 큰 고통과 고난이 필요하겠습니까?

또한 직장생활은 일과 관계, 이 두 가지가 균형을 이뤄야 합니다. 일은 잘하는데 관계가 나빠도 오래가기 힘들고, 관계는 좋은데 일을 못해도 버티기가 힘듭니다. 직장과 가정도 마찬가지입니다. 직장생활을 너무 열심히 하느라 가정을 소홀히 해서도 안 되고, 가정생활에 너무 치우쳐 직장생활을 등한히 해서도 안 됩니다. 결국 인생은 밸런스입니다. 이 밸런스는 성령의 열매이기도 합니다. 바로 절제(self-control)입니다.

어떤 관계든, 어떤 일이든 너무 한쪽으로 기울지 않도록 절제할 수 있어야 합니다. 회식할 때 2차, 3차 하면서 계속 사람들을 끌고 다니는 사람이 있습니다. 이때 적절히 끊어 낼 수 있어야 합니다. 2차, 3차 같이한다고 해서 그 사람과의 관계가 더 깊어지는 것도 아닙니다. 적당한 거리를 둘 줄 알고 적당히 절제할 수 있어야 사람과의 관계가 더 오래갈 수 있습니다. 이때 확신과 용기가 필요합니다. 그래야 눈치 보지 않고 두려움 없이 균형 잡힌 관계를 유지할 수 있습니다.

늘 담대하고 싶어요

누구 앞에서나 담대하고 싶은데 나보다 강한 사람, 특히 상사 앞에선 작아지는 것 같아요. 일상에서 말씀을 따라 두려워하지 않고 담대하게 살고 싶은데 잘 안 돼요.

▲ 항상 기도하기를 힘쓰기 바랍니다. 따로 시간을 내고 공간을 마련해 기도하면 하나님과 깊은 대화를 나눌 수 있어 좋지만, 여건이 안 되면, 아무 때나 아무 곳에서나 눈 뜨고 기도하면 됩니다. 직장생활을 하다 보면 마음을 힘들게 하는 사람이 있습니다. 별것 아닌 걸로 자극해서 신경 쓰이게 하는 사람도 있습니다. 그럴 땐 그 사람이 말하고 있더라도 나는 속으로 기도하는 겁니다. '하나님, 저 사람 입 좀 막아 주세요' '하나님, 저 사람의 말이 고깝게 들리지 않게 해 주세요' '하나님, 제 마음이 지금 강퍅합니다. 제 마음을 좀 만져 주세요' '제발 저 사람의 진의를 알아듣게 도와주세요' 그 상황에 따라 눈을 뜬 채 이렇게 기도하는 겁니다.
어떤 삶도 쉽지 않습니다. 어떤 직장도 녹록하지 않습니다. 내가 사장이라도 직장이란 늘 긴장이 따르는 곳입니다. 내 마음에 꼭 드는 직장은 좀처럼 찾기 어렵습니다. 이걸 인

정하면 우리가 기도해야 할 이유가 분명합니다. 어떤 곳도 100% 만족할 수 없으므로 기도하며 인내하고 견디는 겁니다. 운전하면서도 기도하고, 사람들로 빽빽한 지옥철에서도 기도하고, 거래처 직원과 얘기를 나누면서도 기도하고, 매 순간 기도하시기 바랍니다. 때에 따라 주시는 성령의 지혜가 담대한 하루하루를 살아 내도록 도울 것입니다.

그리스도인의 정치적 방향은?

Q 그리스도인은 정치에 대해 어떤 태도를 가져야 할까요?

A 정치는 모든 사람이 무관할 수도 무심할 수도 없는 분야입니다. 우리 삶과 사회에 지대한 영향을 끼치기 때문입니다. 가장 주의할 것은 정치를 이념과 진영의 논리로 접근해선 안 된다는 것입니다. 사실 좌든 우든, 진보든 보수든 다 옳지 않습니다. 어느 쪽이든 죄인일 뿐이라 죄인들끼리 싸우는 데 궁극적인 정의가 있을 리 없지요. 옳은 것은 오직 하나님 한 분, 그분의 말씀입니다.

예수님은 부자 관원이 "선한 선생님" 하고 부르자 "네가 어찌하여 나를 선하다 일컫느냐 하나님 한 분 외에는 선한 이가 없느니라"(눅 18:19)고 말씀하셨습니다. 예수님만이 선하신 분입니다. 죄인은 자신이 옳다고 착각하고 옳다고 주장하고 옳다고 굳게 믿습니다. 그게 죄인의 특징입니다. 좌든 우든 자기가 옳다고, 자기가 선하다고 강변하는 것이야말로 내가 죄인이라고 말하는 것과 같습니다. 정치인이 되어도 좋고 정치인과 교분을 가져도 좋습니다. 정치에 관심을 가지는 것은 당연합니다. 하지만 정치를 옳고 그른 논쟁적 차원에서 접근해선 안 됩니다. 복음과 생명의 가치를 실현하는 수단으로서 정치를 바라봐야 합니다. 가령 불량식품 만드는 사람을 엄히 다스리는 정치를 해야 합니다. 불량식품은 사람의 건강과 생명을 해치는 것이기 때문입니다. 국가 안보를 우선으로 하는 정치를 해야 합니다. 안보는 국민의 생명을 담보하는 것이기 때문입니다.

그리스도인이 특히 조심해야 할 것은 정치적 이념을 가지고 논쟁하는 일입니다. 자본주의건 공산주의건 사회주의건 민주주의건 어떤 주의라 할지라도 이념과 사상과 철학은 인간의 생각일 따름입니다. 특히 이데올로기(ideology)는 인간의 아이디어를 아이돌로 삼은 것입니다. 생각을 우상화한 것이지요. 그러나 그 어떤 사상과 이념도 인간을 구원하기에는 역부족입니다. 그런데 왜 인간은 그토록 권력에 집착할까요? 하나님의 사랑과 생명에 목마른 까닭입니다. 그 사랑의 대체재가 권력이기 때문입니다. 사랑받지 못하고 사랑하지 못해서 권력에 탐닉합니다. 사랑은 불안하지 않습니다. 사랑은 나 자신을 보호하지 않아도 두렵지 않습니다. 그러나 사랑이 없는 곳마다 권력 현상이 독버섯처럼 자라납니다. 사랑이 없는 관계는 필연적으로 권력적인 관계로 변합니다. 누가 약하고 누가 강한가, 누가 위고 누가 아래인가, 누가 많고 누가 적은가로 우열을 가립니다. 사랑이 식은 부부는 힘겨루기를 시작합니다. 이 또한 일종의 권력투쟁입니다. 어딘들 안 그렇습니까? 예수님은 이 땅에 오셔서 세상이 만들어 놓은 거대한 권력 기반의 질서를 서로 사랑으로 섬기는 창조적 질서로 바꾸어 놓으셨습니다. 십자가가 바로 그 혁명적인 질서 변혁의 출발점입니다. 예수님은 인간의 모든 문제를 힘의 논리로 해결하고자 하는 죄의 본성을 십자가에 못 박으셨습니다. 십자가의 사랑으로 죄를 사하시고 사랑과 섬김의 세상, 곧 하나님 나라를 이 땅에 선포하셨습니다. 교회는 권력의 질서를 사랑의 질서로 바꾸는 천국의 모형입니다. 그 점에서 교회는 세상의 질서와 대척점에 있습니다. 따라서 세상의 기준이 교회에 자리 잡는 순간 교회는 그 본질을 잃게 됩니다.

저는 그리스도인들이 교회의 본질을 지키기 위해 정치에 참여해서는 안 된다고 말하는 것이 아닙니다. 본질을 잃어버린 교회는 정치에 아무 영향을 끼치지 못한다는 뜻입니다. 정치뿐입니까? 세상의 모든 영역에서도 마찬가지입니다.

그리스도인이 정치인이 되려고 하는 궁극적인 목적은 오직 하나님 사랑과 이웃 사랑입니다. 사랑의 계명을 실천하기 위해 정치에 입문한다면 그 자체가 십자가를 지고 날마다 자기를 부인하는 길입니다. 결국 순교의 길입니다. 순교의 각오가 없다면 정치가 아니라 무슨 일을 해도 빛과 소금의 정체성을 지키기란 불가능할 것입니다. 그 속에서 한순간에 길을 잃고 말 것입니다.

4장

내 배우자가 맞을까요?

_ 연애
_ 결혼
_ 부부관계
_ 가정

혼전순결에 대하여

● 성경은 혼전순결을 가르친다고 믿고 있어요. 그래서 저뿐 아니라 제 배우자도 순결한 사람이기를 고집하고 있습니다. 하지만 요즘엔 진심으로 서로 사랑하는 사이에 이뤄지는 성관계가 과연 죄인지 의문이 듭니다.

▲ 결혼에 대한 시대적 생각이 아니라 성경적 생각을 알아야 합니다. 결혼은 하나님이 인간에게 선물하신 믿음의 사건입니다. 하나님이 하와를 아담에게 이끌어 주셔서 결혼이 이뤄졌지요. 결혼은 하나님이 주관하여 섭리하고 간섭하신 사건이기에 가장 고결한 만남이고 사건입니다. 이것을 믿어야 합니다. 하나님이 선물로 주신 결혼이 우리 인생의 가장 고귀한 만남이요 결합이요 연합이라는 것을 믿으면, 혼전순결이 갈등의 원인이 되지 않습니다. 당연한 것으로 받아들이게 됩니다. 100명 중 99명이 혼전에 관계를 갖는다 해도, 그것이 시대적 대세라 해도, 우리의 기준은 말씀이어야 합니다. "너희는 이 세대를 본받지 말라"(롬 12:2)는 말씀을 따라 사는 것이 그리스도인의 특권이라는 사실을 믿으시기 바랍니다.

우리가 세상을 거스를 수 있는 까닭은 생명력 때문입니다. 연어는 몸이 찢기면서도 생명이 잉태된 남대천을 향하여 물살을 거슬러 올라갑니다. 그게 연어가 사는 길이기 때문입니다. 세상은 온통 음란에 물들어 있습니다. 우리는 이 음란을 이기지 못합니다. 음란 사이트 광고 영상 한번 클릭하지 않는 것도 쉽지 않은 것이 인간 욕망의 실상입니다. 하지만 나를 이 땅에 보내신 주님을 전심으로 사랑하고, 광야와 같은 이 땅에서 함께 도우며 살아가도록 주님께서 인도해 주신 사람을 진심으로 사랑하면, 그 사랑이 음란을 이깁니다. 내 힘으로는 할 수 없지만 주님의 사랑으로는 할 수 있습니다.

그런데 한 가지 분명하게 짚고 넘어가야 할 일이 있습니다. 사랑하기 때문에 결혼 전이라도 성적 관계는 허용되어야 한다는 생각이 시대적 관행이라 해도, 그렇게 해서 얻은 즐거움이 사랑하기 때문에 결혼 때까지 순결을 지켜서 누리는 거룩의 기쁨을 능가하지 않는다는 점입니다. 오히려 혼전의 즐거움을 좇는 것으로 인해 결혼과 가정의 순결함을 해칠 수 있습니다. 부부는 알면 알수록 고결하고 소중한 관계입니다.

싱글은 이기적이라서 결혼을 못한다고?

Q 언제 결혼할래 하는 소리, 정말 듣기 싫습니다. 요즘은 "네가 네 생각만 하니까 결혼하지 않는 거야"라는 소리까지 듣습니다. 싱글은 이기적이라서 싱글이라는 겁니다. 목사님 생각은 어떤지 궁금합니다.

▲ 사람은 누구나 이기적입니다. 이기적이지 않은 사람이 없습니다. 저는 사람은 혼자여도 좋을 만큼 이기적이어야 한다고 생각합니다. 곁에 누가 꼭 있어야 안심을 하는 사람이 있습니다. 혼자 있는 게 불안해서 가족과 친구와 직장을 찾는 사람이 있습니다. 혼자 있을 수 없는 사람입니다. 이런 사람은 곁에 있는 사람을 불행하게 만듭니다. 혼자 있을 수 있는 사람, 혼자여도 좋은 사람, 혼자여도 기쁜 사람, 그런 사람은 누구와 있어도 괜찮습니다.

문제는 누군가로부터 자기의 부족을 채우려는 사람이 일으킵니다. 혼자 있는 게 부담스러워서, 혼자 있는 게 불행해서 누군가를 곁에 두려는 사람과는 좋은 관계가 될 수도, 그 관계를 유지하고 풍성하게 할 수도 없습니다.

정말 혼자 있는 내가 걱정스럽다면, "언제 결혼할래?"가 아니라 “좋아하는 사람이 있니? 그 사람이 왜 좋으니?” 아니면 이렇게 물어야 하겠지요. “사람 만나는 게 힘들지? 어떤 사람이 끌리고 어떤 사람이 부담스럽니?” 이런 질문을 하며 얘기를 나누어야 하지 않겠습니까? 싱글도 그만한 이유가 있어야 하고, 결혼도 그만한 이유가 있어야 하는 겁니다.

바둑기사 이세돌은 바둑을 두면서 한 번도 ‘왜?’라는 질문을 놓쳐 본 적이 없다고 합니다. 왜 바둑 두는데? 왜 여기 둬야 하는데? 왜 있어야 하는데? 끊임없이 질문하면서 바둑을 두었다고 해요. 30대에 어쩌면 저렇게 성숙한 생각을 할 수 있나 싶어 제가 속으로 많이 놀랐습니다. 그가 한 질문들은 삶의 본질과 뿌리를 들여다보고 거기에 가까워지고자 하는 질문입니다.

이세돌은 또한 바둑을 두기 시작하면서부터 지금까지 단 한 번도 머릿속에서 바둑이 떠난 적이 없다고 합니다. 머릿속에서 떠나지 않는 그것은 사랑입니다. 정말 사랑하는 겁니다. 중요한 것은 사랑하는 그것 앞에 단독자로 서는 것입니다. 이세돌은 홀로 바둑과 마주했습니다. 제 나이가 이세돌보다 두 배 많습니다. 제가 이 나이에 깨달은 것을 이세돌은 일찌

감치 깨닫고 있었던 것이지요.

믿는 사람은 절대자 앞에서 단독자로 서야 합니다. 성숙한 신앙은 그래야 합니다. 그런 사람은 신앙도 바른 신앙으로, 관계도 바른 관계로, 가정도 바른 가정으로 성장시킬 수 있습니다. 누군가가 '필요해서'가 아니라 내가 누군가에게 '필요한 존재이기 때문에'가 인생의 가장 중요한 가치라고 생각합니다. 이 가치를 소유한 사람이라면 싱글이든 커플이든 상관없습니다. 이런 사람은 언제나 '주는 사랑', 참사랑을 할 수 있습니다.

안 믿는 사람과 결혼해도 될까?

Q 비기독교인과의 결혼 문제, 어떻게 해야 할까요?

A 상대가 믿는가, 믿지 않는가를 따지기보다 그의 사람됨, 정직함, 열정, 비전을 보는 것이 더 중요하다고 생각합니다. 믿는 사람이라서 결혼했더니 책임감이 없어서 가정을 세우고 지킬 능력이 없는 사람인 경우도 있고, 아버지가 장로이고 어머니가 권사여서 믿음이 좋은 가정인 줄 알고 결혼했다가 세상의 어떤 시부모보다 못한 경우도 있습니다. 교회 안에는 진짜보다 가라지가 많습니다. 그러니 믿는다, 안 믿는다는 사실은 결혼의 중요한 한 가지 조건인 것은 분명하지만 필요충분조건이 될 수는 없습니다.

상대가 교회에 나가는가? 결론만 말하자면 중요하지 않습니다. 상대가 주일 성수를 하는가? 그것도 중요하지 않습니다. 상대가 청년회 회장인가? 이런 것은 더욱 중요하지 않습니다. 중요한 것은 '하나님 앞에 정직하게 서 있는 인격인가' 하는 것입니다. 이 사람이 정말 '하나님이 기뻐하시는 삶을 살고 있는가' 하는 것입니다. 이것이 진짜 믿음입니다. 아마 이런 믿음 찾기가 모든 결혼 조건을 충족한 사람 찾기보다 어려울 것입니다. 때문에 20~30대 청년의 올바른 믿음은 정말 천금보다 귀합니다.

우리 교회에 결혼식장에서 신랑이 세례받고 결혼한 부부가 있습니다. '이 사람과 결혼하려면 믿음을 가져야겠구나' 해서 믿음을 가지게 된 경우입니다. 두 사람은 신혼여행도 창조과학회의 탐사 투어로 다녀와서 예쁘게 살고 있습니다. 이 부부에게 결혼은 그야말로 축복이고 선물이지 않습니까? 사랑하는 사람과 함께 하나님을 아버지라 부르고 예수님을 주라 고백하고 성령님께 가정의 운영을 맡기게 되었으니 이보다 더 큰 기쁨과 자유함이 어디 있겠습니까?

만일 상대가 믿지 않는 사람이라면 '그의 가정을 선교지로 삼겠다'는 각오로 상대를 믿음의 길로 인도하기 바랍니다. 저도 믿지 않는 사람이었으나 아내의 인도로 이 자리에까지 오게 되었습니다. 또한 하나님께 "이 가정에 주님의 복음을 전하는 전도자의 사명을 허락해 주십시오" 하고 기도했을 때 "내가 너와 함께하리라"라는 하나님의 응답을 받는 것도 중요합니다.

믿지 않는 상대가 나의 신앙을 존중하는지 존중하지 않는지도 판단의 중요한 기준이 될 수 있습니다. 나를 진심으로 사랑한다면 그리고 그 사람이 성숙한 인격의 사람이라면, 내가 사랑하는 주님을 함부로 말하지 않을뿐더러 그 주님에 대해

진지하게 고민하게 될 것입니다. 그에게 믿음을 권유했을 때 “너를 보니까 더 못 믿겠다” 한다면 결혼하지 마십시오. 그의 대답이 하나님의 응답일 것입니다. 그리고 아직 내가 하나님 앞에서 성숙한 신앙을 갖지 못했다는 자기 성찰의 계기로 삼으면 될 것입니다.

때가 되면 하나님이 짝을 주실까?

Q 하나님이 예비하신 배우자는 단 한 명인가요? 아니면 여럿 중에 한 명을 만나게 되나요? 그렇다면 예비하신 배우자는 하나님의 섭리대로 최적의 타이밍에 반드시 만나게 될까요? 아니면 만나려고 노력해야 만날 수 있나요?

▲ 주변에서 하나님의 때에 아내를 만나 석 달 만에 결혼하는 것도 봤고 삼 주 만에 결혼하는 것도 봤습니다. 저는 예수님을 몰랐기 때문에 열심히 찾았고, 그러느라 시간이 많이 걸렸습니다. 믿음 안에서 차분히 기다리면 하나님께서 좋은 배우자를 만나게 하실 것이라고 믿습니다. 바로 그 배우자를 만나면 '저 사람이 내 뼈 중에 뼈요 내 살 중에 살이다'는 확신이 들 것이라 믿습니다. 하나님의 사람을 기다린다면 무슨 무슨 조건에 맞나 안 맞나 셈하는 데 관심을 쏟지는 않을 것입니다.

그런데 배우자를 만나 가정을 이루겠다면 무엇보다 내가 먼저 준비되어 있어야 합니다. 집이나 차나 예물이 준비되어야 한다는 말이 아닙니다. 가장 먼저 부모로부터 독립해야 합니다. 결혼은 독립된 또 하나의 가정이 탄생하는 일이고, 독립된 가정은 독립된 인격에서 출발합니다. 가정은 자녀가 부모를 떠나는 일로 시작됩니다. 서로가 그런 준비가 되어 있지 않다면 다른 어떤 조건이 충족된다 해도 하나님 보시기에 좋은 가정이 되지는 못할 것입니다. 내가 먼저 좋은 배우자가 될 수 있는 건강한 인격체로 하나님 앞에 서 있기를 축복합니다.

혼자 살아도 부족함이 없는 사람이라야 둘이 살아도 잘 살 수 있습니다. 그러려면 하나님과 깊은 교제 가운데 계속해서 성숙해 가야 합니다. 중독에 빠져 있거나 불안과 걱정에 휩싸여 있다면 누구를 만나든 불행할 수밖에 없습니다. 내가 불행하다면 배우자에게 어떻게 행복을 안겨 줄 수 있습니까? 그러므로 결혼은 내가 인격적으로 성숙한 사람이 되었을 때 해야 마땅합니다. 성숙한 사람은 미모나 능력이나 배경을 가진 사람이 아니라 사랑과 믿음과 소망을 가진 사람입니다.

부모님이 결혼을 반대해요

● 불신자와 사귀던 중 저도 모르는 사이에 엄마가 개입해 우리 둘을 갈라놓았습니다. 나중에 이 사실을 알고 따져 물었을 때 엄마는 하나님이 우리 둘이 결혼하길 원했다면, 자신의 개입과 상관없이 결혼했을 거라면서 이게 다 하나님의 뜻이라고 말했습니다. 엄마가 정말 실망스럽고 밉습니다.

▲ 사실 깊이 들여다보면 누가 말려서 못 하는 일은 없습니다. 다만 내가 포기해서 못 한 것뿐입니다. 실은 그만큼 사랑하지 않은 겁니다. 내가 기필코 하겠다고 하면 하나님도 말릴 수 없습니다. 아담은 하나님이 먹지 말라는 선악과를 굳이 따먹었습니다. 예수님의 비유에서 작은아들은 아버지를 졸라 유산을 미리 받아 기어이 집을 나갔습니다. 누구도 말리지 못합니다. 그러니 누구 때문에, 집안 사정 때문에, 환경 때문에 못 했다고 핑계 대지 마십시오. 내가 그만큼 간절하지 않았던 것입니다.

한편, 하나님의 뜻은 본인이 직접 묻고 답을 구해야 합니다. 하나님은 우리가 기쁨으로 그분의 뜻을 따르도록 하시는 분이지 우리를 코너로 몰아서 어쩔 수 없이 하나님의 뜻을 따르도록 강제하시는 분이 아닙니다. 하나님은 끝까지 기다리십니다. 누구든지 다른 사람의 일을 두고 이것이 하나님의 뜻이다, 아니다라고 판단해 줄 자격이 없습니다. 다른 사람의 조언이나 고언을 참고할 수는 있지만 그 사람이 내 의사를 최종적으로 결정할 수는 없습니다.

특히 누군가와 언약적인 관계로 들어가기까지는 여러 테스트를 거치게 됩니다. 이 과정에서 내가 정말 상대에게 헌신할 준비가 되어 있는지, 상대 또한 그런 준비가 되었는지 확인해야 합니다. 그리고 두 사람의 언약적인 관계가 단순한 욕구나 욕심에 의한 것이 아니라, 하나님이 원하시는 뜻에 따른 것인지 확인하게 되면, 그래서 굳은 믿음이 생긴다면, 어떤 어려움이 닥치더라도 끝까지 갈 수 있습니다.

결혼하고 아기를 낳지 않으면 비성경적일까?

Q　결혼한 지 6개월 된 신혼부부입니다. 아기를 낳고 싶지 않은 것이 하나님의 뜻을 거스르는 것일까요?

▲　그렇습니다. 성경은 우리가 땅에 충만하고 번성하라고 가르칩니다. 자녀의 축복은 이루 말할 수 없습니다. 하나님께서 돕는 배필을 주신 까닭은 나 아닌 누군가를 사랑하는 것이 가장 고결한 감정이고 경험이며, 하나님의 형상에 가장 가까운 모습이기 때문입니다. 사람은 본래 이기적인 존재입니다. 그러나 누군가를 진심으로 사랑하면 그 사람을 중심으로 생각하고 행동하게 됩니다. 나의 욕망, 욕심, 충동을 잠재우는 것이 사랑입니다. 사랑은 이처럼 너무나 소중한 감정입니다.

특히 자녀를 향한 부모의 사랑은 어느 것과도 바꿀 수 없는 소중하고 귀한 경험이며 가치입니다. 그러나 잉태를 해서 출산을 하고 양육을 하는 모든 순간은 만만치 않습니다. 고통이 따릅니다. 하지만 이 고통도 하나님이 우리를 성숙시키는 재료입니다. 결혼과 자녀 양육은 우리가 성숙해 가는 가장 소중한 기회이자 피할 수 없는 길입니다.

결혼해서 1년 안에 아기가 안 생기는 걸 불임이라고 한답니다. 1980~1990년대에는 100쌍 중 1쌍이 불임이었는데 요즘은 5쌍 중의 1쌍이 불임이라고 합니다. 우리는 결혼해서 아기를 낳는 일을 당연하고 쉬운 줄로 알지만, 아기도 하나님께서 선물로 주셔야 가질 수 있습니다.

물론 아기를 낳고 기르는 일은 정말 힘듭니다. 포기하고 싶기도 합니다. 결혼하고 양육하는 일은 99가지가 힘들고 불편합니다. 그런데 한 가지 좋은 그것이 99가지를 상쇄하고도 남을 만한 가치가 있습니다. 바울의 표현대로 "현재의 고난은 장차 우리에게 나타날 영광과 비교할 수 없습니다"(롬 8:18). 스피노자는 내일 지구의 종말이 온다 해도 사과나무를 심겠다 했는데, 내일 무슨 일이 있든지 결혼도 하고 아기도 낳기를 축복합니다. 하지만 축복할 뿐이지 강권도 명령도 아닙니다.

남편이 저를 아랫사람 취급해요

Q 남편이 저를 아랫사람 대하듯 함부로 해서 견디기 힘듭니다. 어떻게 해야 할까요?

A 쉽지 않은 질문입니다. 부부가 피차 사랑으로 복종해야 하는데 어느 한쪽이 그렇지 못하다면 고민이 될 수밖에 없습니다. 그리스도인의 인내는 상대가 내게 정당한 대접을 해주지 않아도 견디는 것입니다. 그래서 인내에는 반드시 희생과 믿음이 필요합니다. 저 사람도 언젠가 주님을 만나면 달라질 거라는 소망, 주님이 나를 믿음의 창구로 부르셨다는 믿음, 그리고 그 믿음으로 인내하고 견뎌 내는 희생과 헌신의 의지가 반드시 필요합니다. 인내는 은혜를 받은 사람만이 가질 수 있는 능력입니다.

하지만 가령 폭력을 휘두른다든지, 도박으로 재산을 탕진한다든지, 도무지 견딜 수 없는 한계 너머까지 몰아세운다면, 그 관계는 정리해야 된다고 생각합니다. 바울도 고린도전서에서 믿지 않는 배우자가 나로 인해 믿음을 갖도록 하되 어쩔 수 없이 이혼해야 한다면 해도 좋다고 말합니다.

"어떤 여자에게 믿지 아니하는 남편이 있어 아내와 함께 살기를 좋아하거든 그 남편을 버리지 말라 믿지 아니하는 남편이 아내로 말미암아 거룩하게 되고 믿지 아니하는 아내가 남편으로 말미암아 거룩하게 되나니 그렇지 아니하면 너희 자녀도 깨끗하지 못하니라 그러나 이제 거룩하니라 혹 믿지 아니하는 자가 갈리거든 갈리게 하라 형제나 자매나 이런 일에 구애될 것이 없느니라 그러나 하나님은 화평 중에서 너희를 부르셨느니라"(고전 7:13-15).

사실 가족 전도가 제일 어렵습니다. 가족은 나의 부끄러운 모습을 포함해서 속속들이 다 알고 있기 때문입니다. 그래서 가족을 전도하려면 내가 죽어야 합니다. 내가 생명을 포기하겠다는 결정이 없이는 좀처럼 가족을 새 생명의 길로 인도하기가 어렵습니다.

내가 좀 편하게 살고 싶어서 전도하는 것이 아닙니다. 내 생명을 바쳐서라도 저 사람 구원받도록 하겠다는 일념으로 전도하는 것입니다. 그래서 전도는 생명을 바치는 일입니다. 사도행전은 성령이 충만한 제자들을 보고 사람들이 두려워했다고 증언합니다. 질문자의 남편이 성령의 능력을 힘입은 아내를 보고 두려움을 느낄 수 있기를 바랍니다.

네 것, 내 것 선 긋고 감추고 속이는 부부관계

● 친정에 문제가 생기면 함께 해결해 주길 기대하는데 '이 인간'은 네 집안일이니 알아서 해결하라는 투로 말합니다. 집안, 돈, 직장, 관계 등 개인과 공동의 영역을 구별합니다. 부부는 어디까지 한 몸을 이루어야 할까요? 이 사람을 어떻게 대해야 할까요?

▲ 먼저 남편을 '이 인간'이라고 부르는 것부터 바꾸시기 바랍니다. 부부간에는 모든 것을 공유해야 합니다. 그러려면 정말 많은 대화가 필요합니다. 보안이 필요한 경우가 아니라면 직장의 일도 공유해야 합니다. 아내가 전업주부라도 남편은 바깥일을 공유해야 합니다. 아주 사소한 것까지 대화를 위해 공유해야 합니다. 그래야 부부간에 공통분모가 많아져서 눈빛만 봐도 서로 알 수 있는 친밀한 관계가 될 수 있습니다.

요즘은 시댁이니 친정이니 하는 개념이 거의 사라졌습니다. 아내든 남편이든 부모가 두 분 더 생긴 겁니다. 부모님 일은 부부가 함께 의논하고 마음을 쓰는 게 당연합니다. 요즘 젊은 부부들은 경제 공동체가 아니라 각자 도생하는 경향이 있는데 바람직하지 않다고 봅니다. 재물은 내 것 네 것이 아니라 모두 하나님의 것입니다. 부부에게 허락된 재물을 지혜롭게 사용하는 것으로 하나님을 기쁘게 해드려야 합니다. 그러려면 부부가 재물로 인해 나뉘지 않도록 조심해야 하고 어떻게 해서든지 마음을 합해야 합니다.

남녀가 가정을 이룬 뒤 문제가 생기는 데는 대개 두 가지의 원인이 있습니다. 성적인 문제와 돈 문제입니다. 결혼은 내 몸이 상대방에게 속한 존재라는 걸 선언하는 행위입니다. 그러므로 내 몸이라고 내 마음대로 할 수 없습니다. 몸이 내 것이 아니라는 생각을 가졌다면 돈은 더 무슨 말이 필요하겠습니까? 돈이건 몸이건 내 것이 아니라 우리 것입니다. 부부는 서로에게 투명한 만큼 곧 성결한 만큼 잘 살 수 있습니다.

자녀의 결혼 상대가 마음에 들지 않을 때

Q 자식의 결혼 상대가 마음에 들지 않을 때 어떻게 해야 할까요?

▲ 부모는 자식을 위해서라고 주장하지만, 사실 자식을 위해서라면 그저 기도할 뿐 간섭해선 안 됩니다. 지금도 이렇게 빠르게 변하고 있는데 장차 올 세상을 우리가 어떻게 예측할 수 있겠습니까? 부모가 변화된 세상을 살아갈 자녀들을 끝까지 책임질 수 있습니까? 그러니 그냥 두십시오. 자녀가 혼자 선택하고 결정하도록 제발 간섭하지 마십시오. 그리고 결혼은 자기 자신의 인생 전체를 걸고 결단하고 책임져야 할 과제입니다. 내가 가진 옛 패러다임으로 자녀의 배우자를 구하는 것은 지극히 신중해야 할 일입니다.

이 세상에는 사랑할 만해서 사랑할 사람은 아무도 없습니다. 사랑하기로 결정했기에 사랑하고 또 사랑하고, 사랑하되 죽을힘을 다해 사랑하다가 사랑할 만한 사람이 되는 것입니다. 나 또한 사랑할 만한 게 전혀 없는 사람입니다. 그런 나를 하나님께서 먼저 사랑하기로 결정하셨습니다. 그러니 나도 사랑하기로 결정해야 합니다. 나 같은 사람이 사랑스러운 사람이 될 수 있다면 세상에 어떤 사람도 사랑할 만한 사람이 될 수 있다고 믿으십시오.

특별히 내 자녀가 사랑하는 그 사람을 먼저 존중해 주십시오. 내 자녀를 사랑한다면 사랑하는 내 자녀가 사랑하는 사람을 최소한 존중해 주어야 합니다. 사랑하는 내 자녀의 선택과 헌신이기에 반드시 인정해 주어야 합니다. 그리고 이들이 하나님의 뜻에 합당하게 살 수 있도록 도우십시오. 하나님의 마음에 꼭 드는 가정을 이루게 해주십시오. 우리가 할 일은 그저 하나님께 맡기고 기도하는 겁니다.

말이 안 통하는 아버지와 화해하는 최고의 방법

Q 제 삶을 당신 뜻대로 하고 싶어 하는 아버지와 자꾸 다투게 됩니다. 아버지와 잘 지내려면 어떻게 해야 할까요?

▲ 아버지가 자꾸 화를 내면 기회를 살피다가 확 껴안아 주십시오. 그리고 "아버지 사랑합니다" 해보십시오. 어쩌면 아버지가 울지도 모릅니다. 아버지 세대는 사랑받지 못한 세대입니다. 제대로 사랑받은 적이 없을 가능성이 큽니다. 아버지 세대는 한국전쟁 때 태어났거나 전후에 최빈국 사회에서 살아 내느라 물질적으로나 정신적으로나 결핍이 많은 세대임을 기억해야 합니다. 사랑받지 못했으니 사랑할 줄도 몰라서 표현이 서툴고 보고 배운 게 없어서 아내든 자식이든 어떻게 관계 맺어야 하는지 모릅니다. 그러니 아버지와 논쟁하지 말고 그냥 사랑해 주십시오. 예수님을 먼저 만난 사람, 하나님의 사랑을 받은 사람이 먼저 사랑해 줘야 합니다.

'아버지학교'에 등록한 어느 제주도 분이 자신의 아버지를 안아 주고 사랑한다고 말하라는 숙제를 받아 들고 제주도에 갔습니다. 그리고 아버지를 안고 사랑한다 말했더니 그 아버지가 울면서 미안하다고 하더랍니다. 이분이 어린 시절 아버지한테 하도 맞고 커서 마음에 분노와 증오가 가득했다고 합니다. 그러나 그날 아버지가 우는 모습을 보고 '우리 아버지도 울 수 있구나!' 해서 둘이 한참 동안 껴안고 울다가 화해했다고 합니다.

분노는 사랑으로 녹여야 합니다. 일본에 가서 선교하는 분에게 들었는데, 사람들에게 "하나님이 당신을 사랑하십니다"라고 말하면 그렇게 울 수가 없다고 하더군요. 하나님이 누군지 알지 못해도 '그분이 당신을 사랑한다'는 한마디에 마음이 녹아내린다는 겁니다. 많은 일본인이 "누군가 나를 사랑한다는 얘기를 내 평생에 처음 들었다"고 얘기한답니다. 이단에 왜 사람들이 끌려가는지 아십니까? 가짜 사랑인데도 나를 사랑해 준다고 믿어지기 때문입니다.

"하나님이 세상을 이처럼 사랑하사 독생자를 주셨으니"(요 3:16). 하나님은 십자가에 달려 돌아가실 만큼 우리를 사랑하십니다. 이것을 믿는 것이 구원입니다. 이것을 믿을 때 분노와 절망과 증오의 마음이 녹아내리고 거기에 생명이 심겨져 사랑할 수밖에 없는 존재가 됩니다. 더 이상 분노에 사로잡힌 인생이 아니라 사랑에 사로잡힌 인생이 되는 것입니다.

이것이 하나님 나라가 임하는 길이고 구원의 삶입니다. 질문자가 아버지를 무조건 사랑할 때 아버지께도 하나님 나라가 임하게 될 것입니다.

5장

잘 믿고 싶어요

_ 믿음
_ 공동체
_ 신앙생활
_ 성경

하나님을 믿는 '믿음'이 생기는 방법과 원리

Q 믿음은 나의 의지로 믿어지는 건가요, 아니면 은혜로 주어지는 건가요? 보이지 않는 존재에 대한 믿음이 저절로 생기다가도 없어지기도 합니다.

▲ 저도 처음에는 제 의지로 믿는 줄 착각했습니다. 그러나 믿음은 하나님의 선물입니다. 자기 의지로 믿는 것은 믿음이 아니라 신념입니다. "믿음은 바라는 것들의 실상이요 보이지 않는 것들의 증거니"(히 11:1)라고 했습니다. 믿음은 보이지 않는 것을 믿는 것입니다. 믿음을 뜻하는 헬라어 '휘포스타시스'는 '확신'(confidence) 또는 '본질'(substance)이라는 뜻을 갖고 있습니다. 믿음은 본질이라는 겁니다. 내 손에 증거가 없는데도 불구하고, 증거가 내 손 안에 있는 것처럼 여기는 게 믿음입니다. 그러니까 성경이 말하는 믿음은 본질적으로 안 보여야 하는 것입니다. 인간의 힘으로 확신이 생기지 않는 게 믿음입니다.

그래서 믿음은 나로부터 비롯되는 것이 아니라 믿음의 대상으로부터 비롯됩니다. 즉 믿음은 나로부터 출발하는 게 아니라, 하나님으로부터 출발하는 것입니다.

하나님이 믿음의 대상으로 다가오셔서 우리에게 믿을 수 있는 근거를 마련해 주시고 또 믿을 수 있는 계시를 통해서 우리가 믿음으로 반응할 수 있도록 이끌어 가십니다.

그분은 궁극적으로 우리가 의지적으로 믿을 수 있는 분이 아닙니다. 내 의지로 믿고자 하면 오르락내리락하다가 절대로 신앙이 자라지 않습니다. 말씀이 우리 안에서 살아 움직이는 생명이 되는 것, 그것이 곧 믿음입니다. 나로부터 출발하는 신념은 언제나 근거가 나에게 있기 때문에 불안하지만, 하나님으로부터 출발한 믿음은 흔들리지 않습니다. 그래서 불안하지 않습니다.

믿음이 선물이라고 할 때 궁극적인 선물은 성령입니다. 제자들이 예수님을 3년이나 따라다녔어도 예수님의 십자가도 부활도 이해하지 못했습니다. 그런 제자들이 마가의 다락방에서 기도에 전념하다가 성령의 강림으로 성령 충만해지자 담대히 말씀을 전하였고, 그날에 믿고 세례를 받은 사람이 3천 명에 이르렀습니다. 믿음은 성령을 통해서 주어지는 선물입니다.

말씀이 믿어지는 믿음, 보이지 않는 하나님이 보이는 실재로 믿어지는 믿음, 또 죄에 대하여 의에 대하여 심판에 대하여 깨달아지는 믿음은 위로부터 오는 것입니다. 믿음은 위로부터 와야 하고 성령으로부터 비롯되어야 합니다.

하나님을 어디까지 믿어야 할까?

'맹신'과 '믿음'의 차이는 무엇인가요? 또 어디까지 믿어야 믿음인가요?

▲ 한자의 믿을 신(信)은 그 사람(人)의 말(言)에서 비롯된 걸 믿는다는 뜻입니다. 믿음이란 내가 아니라 믿는 대상에서 비롯된 것입니다. 내가 지성을 다하면 반드시 보상해 준다는, 투입하면 산출되는 결과물로서 믿음이 생기는 것이 아닙니다. 그렇기에 하나님이 성경에서 어떤 말씀을 하셨는지를 아는 것이 중요합니다. 그분이 하신 말씀을 알지 못한 채 "내 병을 낫게 해주세요"라고 기도만 한다면 그건 믿음의 행위가 아니라 주문을 외우는 행위입니다. 믿음의 행위는 병든 자를 향한 하나님의 말씀이 무엇인지 알고 그 말씀을 믿으며 기도하는 것입니다. 그럴 때 한마디만 하든 침묵으로 하든 하나님께서 그 믿음을 보고 응답해 주십니다.

CCC 창립자인 빌 브라이트(Bill Bright)는 폐섬유증이라는 불치병에 가까운 병에 걸렸을 때 이렇게 기도했습니다. "병이 낫는 것이 하나님이 원하시는 게 아니라면 내가 이 상황을 받아들일 수 있도록 나를 변화시켜 주세요." 어떻습니까? 이

기도는 하나님이 병을 고치시지 못하는 분이라는 전제를 가지고 드린 기도일까요? 아닙니다. 내가 어떤 기도를 드리든 하나님께서 내게 가장 좋은 것을 주시는 분이라는 믿음을 가지고 드린 기도입니다.

믿음은 100%가 아니면 가짜입니다. 진짜든지 가짜든지 둘 중 하나밖에 없습니다. 99%는 믿음이 아닐 수 있습니다. 믿음은 그분을 100% 신뢰하는 것입니다. 그분에 대한 신뢰 90%에 내 경험 10%를 얹어 믿는 것은 믿음이 아닙니다.

우리는 병이 낫는 것이 선이고 낫지 못하면 악이라는 이분법적인 생각을 하는 경향이 있습니다. 하지만 하나님이 어떤 병을 허락하셨더라도 그것이 그분의 선이라고 믿는 것, 이것이 그분을 전적으로 신뢰하는 믿음입니다. 병에서 낫는 것보다 더 중요한 것은 병에 붙들려 사는 삶의 방식에서 벗어나는 것입니다. 예수님은 중풍병자를 일으키면서 네 중풍병이 나았다 하지 않고 네 죄가 사함을 받았다고 말씀하셨습니다. 중풍을 앓는 삶보다 더 큰 불행, 더 근원적인 질병은 죄에 속박된 삶이기 때문입니다. 예수님은 우리가 죄로부터 풀려난 삶을 살기 원하셨습니다. 하지만 우리는 나병에 걸려 몸이 문드러지는 것은 두려워하면서 정작 우리 영혼이 죄로 인해 썩어 가는 것은 무서워하지 않습니다.

일생 동안 병 한 번 걸리지 않고 사는 사람은 없습니다. 문제는 무슨 병이든 그 병에 붙들려 사느냐, 자유하느냐입니다. 존 파이퍼(John Piper) 목사는 "자기 병을 두려워해서 그 병을 하나님보다 더 생각하고, 더 염려하면 그 병이 우상이 된다"고 말했습니다. 우상 만들기를 그치고 하나님을 100% 신뢰하며 인생길을 걸어가시기를 축복합니다.

믿음의 행동과 무모한 행동은 어떻게 다를까?

Q 골리앗에 맞선 다윗도 그렇고 요나단도 그렇고 믿음으로 나아갔지만, 다른 시각에서 보면 매우 무모한 행동인 것 같아요. 성공하면 믿음이고 실패하면 무모한 것인가요? 믿음과 무모함은 간발의 차이 같은데, 어떻게 분별할 수 있을까요?

▲ 믿음은 하나님으로부터 출발하는 것입니다. 다윗은 하나님의 이름이 모욕당했기 때문에 분노하고 하나님의 이름으로 달려갔습니다. 그 담대함, 그 용기는 세상의 눈으로 보면 무모함의 극치입니다. 완전 무장한 거인 전사 골리앗을 향해 체구도 작고 무장도 하지 않은 청년이 상대하겠다고 나섰으니 미쳤다고 해도 전혀 이상하지 않습니다. 그러나 믿음의 관점에서는 담대함입니다.

만약 다윗이 하나님의 이름 때문이 아니라 형들하고 싸우겠다고 나섰다면 어땠을까요? 아버지가 형들에게 먹을 것을 갖다주라고 해서 땀을 뻘뻘 흘리며 가져갔는데 형 엘리압은 전장까지 구경 왔느냐고 소리를 지릅니다. 우리 같으면 성질이 나서 "형 때문에 이 무거운 것 지고 왔는데 무슨 소리야" 하며 언성을 높여 대꾸하지 않겠습니까? 그렇게 형하고 시비가 붙어 홧김에 물맷돌을 휘둘러 형을 단번에 쓰러뜨렸다면 그게 곧 무모한 행동입니다.

담대함과 무모함은 겉보기에 분간이 잘 안 됩니다. 동기에서 분별이 되는 까닭입니다. 믿음은 나로부터 비롯된 결정이 아닙니다. 항상 우리가 신앙 안에서 우리 자신을 돌아보는 이유입니다. '무엇 때문에 이걸 하고 있나?' 저도 항상 질문합니다. 내가 교회를 키우려고 이렇게 매일 설교를 하나, 아니면 정말 진리를 전하기 위해 피를 토하듯 설교하는가. 때로 내가 나의 동기에 속을 수 있기 때문입니다. 날마다 주님 앞에 서지 않는다면 우리는 타락하는 줄도 모르고 타락하게 됩니다. 우리 안에 빛이 임해야 정직하게 우리 자신을 돌아볼 수 있습니다.

결론은 이렇습니다. 담대함과 무모함은 그 동기가 나로부터 출발하는가 아니면 하나님으로부터 출발하는가에서 갈립니다. 내 감정, 내 욕심 때문에 움직이는가, 하나님을 위해서 하나님 때문에 움직이는가? 믿음과 무모함은 종이 한 장 차이만큼 분별하기 어려우므로 잘 살펴야 합니다.

하나님께 다 맡기고 나는 아무것도 안 해도 될까?

Q 영재고를 준비하는 아들이 하나님이 자기를 영재로 창조하셨으면 영재고에 보내시겠지 하며 준비를 안 합니다. 어떻게 말씀 안에서 양육하면 좋을까요?

▲ 원론적으로 답한다면 어릴 때는 모두가 영재입니다. 그런데 중고등학교만 가면 둔재가 됩니다. 지인 중에 한 분이 자녀가 천재에 가깝다는 걸 알면서도 일반고에 보내서 평범하게 키우는 것을 봤습니다. 천재라고 치켜세우지도 않고 특별한 교육을 시키지도 않습니다. 평범한 일상의 소중함을 경험하도록 도울 따름입니다.

"감나무 아래 누워 감이 떨어지기만을 기다린다." 하나님만 믿고 아무것도 안 하는 사람들을 일컫는 속담입니다. 감을 먹으려면 내 수고가 필요합니다. 우리가 할 일까지 하나님께서 대신해 주시지 않습니다. 그러니 내 몫은 내가 감당해야 하는 겁니다.

한편, 믿기만 하면 된다고 말하는 사람이 있는데 이는 대단한 착각입니다. 우리는 하나님을 믿되 전심으로 믿어야 합니다. 전심으로 믿는다는 것은 하나님의 성품을 내가 덧입는 것입니다. 하나님은 인자하시고 진실하시고 신실하십니다. 이 성품을 모범 삼아 살아야 하는 겁니다. 하나님이 함께하시니 나는 아무것도 하지 않겠다는 사람은 단지 게으른 사람입니다. 진실하지도 신실하지도 않은 사람입니다. 하나님을 전심으로 믿는 게 아닙니다. 나 자신이 하나님도 전적으로 믿어 줄 만한 사람이 되는 것, 믿는다는 건 그런 것입니다.

세상은 과정보다 결과를 더 염려합니다. 하지만 믿는 사람은 과정도 결과도 염려하지 않습니다. 결과가 내가 생각한 것과 다르더라도 하나님께서 최선으로 나를 이끌어 가실 것이라는 믿음이 있기 때문입니다. 일을 시작하신 이도 마치시는 이도 하나님이라는 믿음을 가진 사람은 시작할 때건 마칠 때건 걱정과 염려에 묶이지 않습니다. 모든 과정에 마음을 다할 뿐입니다. 늘 최선을 다하지만 노심초사하지 않는 것이야말로 믿음으로 사는 삶의 특징입니다.

간절히 바라고 믿으면 들어주실까?

● 믿음은 바라는 것들의 실상이라고 하는데 저는 바라는 게 참 많습니다. 바라는 것들이 진짜로 이루어지리라 굳게 믿으면 다 이루어질까요?

▲ 성경을 제대로 읽었다면 '믿음은 바라는 것들의 실상'이라는 말씀을 '믿음은 내가 욕망하는 것들의 실상'이라고 해석하지 않게 됩니다. 성경 전체를 관통하는 하나의 주제는 구원입니다. 그래서 '믿음은 구원을 위한 실상', 다시 말해 '믿으면 구원이 시작된다'라고 해석해야 옳습니다. '믿으면 내가 원하는 소원을 다 들어준다' 같은 기복적인 말씀이 아닙니다. 그래서 누누이 강조하지만, 성경을 처음부터 끝까지 몇 번이고 자꾸 읽으라는 겁니다. 성경은 나에 대한 이야기가 아닙니다. 하나님에 대한 이야기입니다.

신앙생활은 나 중심으로 살아가는 죄인을 하나님 중심의 구원으로 이끄는 과정입니다. 그런데 사람들은 구원을 내 힘이 부족해서 할 수 없는 일을 하나님의 도움으로 해낼 수 있게 되는 능력이라고 착각합니다. 그래서 '무엇이든지 구하라 그리하면 이루리라'(요 15:7)는 말씀을 아주 좋아합니다. 하지만

이 말씀의 전제는 '너희가 내 안에 거하고 내 말이 너희 안에 거하면'입니다. '하나님 안에 거하는 자'가 무엇이든지 구하라는 것입니다. 하나님의 뜻을 따라 사는 사람은 자기 것을 구하지 않습니다. 자기 욕심을 따라 구하지 않습니다.

'나한테 절하면 천하만국을 줄게'는 사탄의 소리입니다. 사탄이 우리를 실족시키는 방법은 육신의 정욕과 안목의 정욕과 이생의 자랑입니다. 세상이 좇는 길입니다. 얼마나 많은 사람들이 성적인 문제와 돈의 문제로 넘어집니까? 만일 그런 욕망을 놓고 기도한다면 응답되는 것이 화근이지요. 맘몬을 이기고 음란의 영을 이기기 위해 주 안에서 주의 말씀으로 기도하는 것이 몸에 배어야 합니다.

믿고 싶은데 도저히 믿어지지 않을 때

Q 예수님의 부활을 믿고 싶은데 믿어지지 않습니다.

▲ 믿으려고 애쓴다고 믿어지지 않습니다. 어쩌면 믿으려고 애쓸수록 의심이 커질지도 모릅니다. 믿음은 사랑해야 생기고, 가까워져야 생깁니다. 믿음은 친밀감과 떼놓을 수 없습니다. 저는 아내를 사랑하고 신뢰하기 때문에 아내를 믿습니다. 예수님을 사랑하면 예수님의 부활이 믿어질 것입니다. 날마다 예수님과 사귐을 계속하면서 부활을 의심하는 것은 불가능합니다.

마가복음 9장에 예수님이 변화산상에서 내려왔을 때 제자들이 귀신 들린 아이를 고치지 못해 쩔쩔매고 있는 장면이 나옵니다. 아이의 아버지가 예수님에게 할 수만 있다면 우리 아이를 낫게 해달라고 도움을 구합니다. 이때 예수님은 "할 수 있거든이 무슨 말이냐 믿는 자에게는 능히 하지 못할 일이 없느니라"(막 9:23) 하십니다. 그러자 아이 아버지가 "나의 믿음 없는 것을 도와주소서"라고 간구합니다. 질문자도 이 아버지처럼 "나의 믿음 없음을 도와주세요. 예수님을 사랑하게 해주세요." 하고 정직하게 기도하시기 바랍니다.

우리는 손해 본 만큼 사랑하게 됩니다. 왜 엄마가 아빠보다 자녀를 더 사랑하는 줄 아십니까? 아빠보다 더 큰 손해를 봤기 때문입니다. 임신하고 출산하고 양육하는 수고를 하기 때문입니다. 예수님을 사랑하고 싶다면 주님을 위해 손해 보는 걸 두려워하지 마십시오. 더 많이 손해 보고 더 많이 수고할 때 예수님을 지금보다 더 사랑하게 될 것입니다. 사랑하면 믿게 됩니다. 사랑하면 믿어집니다.

이단, 사이비에 빠지지 않으려면?

Q 이단과 사이비들도 자기들이 진리를 믿는다고 생각합니다. 바른 믿음을 가지려면 어떻게 해야 하나요?

▲ 조심스러운 말입니다만 한국 교회가 가장 잘못한 것 중 하나가 그리스도인을 빙자한 사기꾼들을 많이 배출했다는 사실입니다. 그들은 그리스도인이 아닙니다. 그들은 구원받지 않았습니다. 그들이 주장하는 교회는 실제 교회도 아닙니다. 하지만 교회라는 이름을 붙이고 자신들이 구원받은 그리스도인이라고 주장하고 다닙니다.

지금의 시대가 요구하는 가장 절실한 것이 있다면 그것은 영적 분별력입니다. 누가 분별해야 합니까? 바로 내가 분별해야 합니다. 분별의 책임은 나한테 있습니다. 그래서 성경을 읽어야 합니다. 성경과 상관없는 말을 하는데도 전 재산을 내놓고 이단의 무리에 속하기를 결단하는 사람들을 봅니다. 노예처럼 일하고 심지어 폭력을 당해도 잠잠합니다. 도대체 왜 그러는 겁니까? 도무지 이해할 수 없는 일이 아무렇지도 않게 일어나고 있습니다.

영적인 세계에서 성경은 마치 생명선(life line)과 같습니다. 또 영적인 세계는 마치 우주 유영과 같아서 무언가에 내 몸을 묶지 않으면 어디로 흘러갈지 알 수 없습니다. 떠돌며 헤매게 됩니다. 미궁(labyrinth)은 한번 들어가면 빠져나오지 못하는 곳입니다. 하지만 빠져나올 방법이 딱 하나 있습니다. 들어갈 때 입구 기둥에 끈을 묶고 들어가 그 끈을 따라 다시 나오는 것입니다. 영적인 세계는 미궁과 같습니다. 생명선이 없으면 미궁에 갇히고 맙니다.

예수님께서 우리에게 성령을 주겠다고 하셨습니다. 그런데 이게 성령인지 악령인지 분별하기가 어렵습니다. 그때 분별의 기준은 말씀입니다. 성경이 말한 성령의 특징을 아는 게 중요합니다. 성령은 말씀의 영입니다. 성령은 진리의 영입니다. 성령은 육체의 소욕을 거스릅니다. 다 기록된 말씀입니다. 이 말씀에 비춰 보아야 내가 성령에 사로잡혔는지 악한 영에 붙들렸는지 분별할 수 있습니다. 분별을 못하면 나도 속고 남도 속입니다.

교회라는 문패를 내걸었다고 다 교회가 아닙니다. 건물 지붕 위에 십자가를 걸었다고 다 교회가 아닙니다. 주일마다 교회를 다닌다고 다 그리스도인이 아닙니다. 그리스도인이라고 말하면서 예수를 제대로 모르면 무슨 수로 그 도를 따르는 자가 되겠습니까? 장로건 권사건 목사건 직분이 그리스도인이라는 증거가 되지 않습니다. 예수를 제대로 알아야 그리스도인이고, 그 말씀을 따라 살아야 그리스도인입니다. 그리스도인은 삶에 성령의 열매가 있습니다. "오직 성령의 열매는 사랑과 희락과 화평과 오래 참음과 자비와 양선과 충성과 온유와 절제니"(갈 5:22-23). 우리는 성령의 열매를 기준으로 그가 그리스도인인지 아닌지를 분별할 수 있습니다.

미래가 궁금합니까? 미래가 궁금한 사람들은 악한 영에 붙들릴 위험이 매우 높습니다. 우리는 사울왕이 미래가 두려워 신접한 여인을 찾아가 물었으나 결국 죽고 만 이야기를 알고 있습니다. 그러니 미래를 궁금해하지 마십시오. 미래는 이미 나와 있습니다. 우리는 다 죽습니다. 죽은 뒤에 우리는 하나님 앞에서 예배를 드리게 될 것입니다. 말씀이라는 생명선에 나를 묶고 악한 영에 붙들리지 않도록 분별하는 것은 나의 몫입니다. 그것은 누구도 대신해 줄 수 없습니다. 우리가 궁금해할 것은 오직 말씀입니다. 말씀보다도 더 궁금한 것이 없기를 바랍니다.

참된 교회의 성도는 이렇다

Q 현실적으로 교회는 가정과 같은 모습이 아닙니다. 언제든 남이 될 수 있는 관계가 교인들 같습니다. 그냥 직장 동료들 대하듯 하면 편할 것 같은데 형제자매가 교제해야 한다는 점에서 그러면 안 될 것 같아 어떻게 해야 할지 모르겠습니다.

▲ 교회는 결코 제도가 아닙니다. 교회는 가족 같은 공동체여야 합니다. 하나님은 이 시대를 흔들어 깨워서라도 참된 교회를 이 땅에 세우길 바라십니다. 그리고 완전하고 참된 교회가 반드시 올 것입니다. 하지만 아직은 아닙니다. 완전하고 참된 교회를 향해 가고 있을 뿐입니다.

미숙한 사람들이 모이면 미숙한 문제를 드러낼 수밖에 없습니다. 가정에서 아빠가 완전합니까? 엄마가 완전합니까? 자녀가 완전합니까? 가족은 불완전하지만 사랑으로 만족하는 관계입니다. 교회도 그렇습니다. 교회에 모인 사람들은 다 불완전하지만 서로 사랑하므로 용납하고 만족하는 관계를 맺어야 합니다. 성경을 읽으면 교회가 어떻게 탄생했고 어떻게 이루어져 갔고 어떻게 확산되어 갔는지를 알 수 있습니다. 여러분 한 사람 한 사람이 교회가 무엇인가를 고민하고 서로 나눌 수 있었으면 좋겠습니다.

성경은 교회 안에서 우리가 형제자매가 되었다고 합니다. 형제자매끼리는 서로 싸우면서 자랍니다. 하지만 많은 교회가 싸울 줄도 모르고 화해할 줄은 더욱 모릅니다. 서로 다른 환경에서 살아온 사람들이 모인 교회에서 싸우지 않는 게 더 이상한 일입니다. 그렇기에 갈등은 있지만 성경 안에서 아름답게 화해하는 방법을 찾아야 합니다. 공동체 생활은 누군가에게 상처를 줄 수 있습니다. 하지만 그 상처의 회복도 공동체 안에서 이루어져야 합니다. 그러므로 서로 갈등하고 부딪치는 것을 두려워하지 말아야 합니다.

하지만 교회는 내 약점이 그대로 드러나더라도 안전한 곳이어야 합니다. 함께 웃고 함께 울어 주는 곳이어야 합니다. 바울과 바나바는 비록 의견 충돌이 있었지만 동역자로서 서로를 존중했습니다. 바울이 3차 전도여행 때 예루살렘으로 가고자 했을 때, 에베소 교회는 끝까지 만류하고 싶었지만 함께 기도하며 주님의 뜻을 구한 뒤 기꺼이 그 뜻을 따랐습니다.

교회 일하다 번아웃 되기 전에 꼭 알아야 하는 것

Q 교회 일이 너무 많아 버거워 보이는 사람들이 있습니다. 지금 당장 할 일은 하나님과 소통하는 일인 것 같은데 일에 치여 그러지도 못하는 것을 보면 안타깝습니다.

▲ 가정과 교회는 동일한 원리 위에 있다고 생각합니다. 직장에서 퇴근하면서 이제부터 가정 사역을 하러 간다고 하지 않습니다. 가정은 사랑하는 사람이 있기 때문에 가는 곳입니다. 사랑하는 가족을 위해 밥을 짓고 설거지를 하는 거지요. 남편이 몸이 아파서 몸져누우면 아내가 밖에 나가 돈을 벌면 됩니다. 사랑하기에 서로의 짐을 나눠서 지는 곳이 가정입니다. 그러니 가정에는 반드시 사랑이 있어야 합니다.

교회도 마찬가지입니다. 교회에 사랑이 있으면 일하러 모이지 않습니다. 사랑하기 때문에 화장실 청소를 하고 의자 정리를 하고 교회학교 교사로 봉사하는 겁니다. 교회 일은 모두의 일이지 누구 한 사람의 일이 아닙니다. 누구든지 사랑에서 비롯되고 사랑으로 자라는 곳에는 일이 일로 느껴지지 않습니다. 교회는 그런 곳이어야 한다고 생각합니다.

우리 교회는 노 미니스트리 처치(no ministry church)를 표방합니다. 사역이 없는 교회라는 뜻입니다. 그렇다고 사역이 없는 게 아닙니다. 많은 경우 교역자들이나 외부의 도움을 받아 사역을 합니다. 하지만 주일 예배를 위해 의자를 놓는 일, 어린아이를 돌보는 일, 청소하는 일 등은 마음에 감동이 된 사람들이 자발적으로 하고 있습니다. 그런 봉사는 하고 나면 기쁩니다. 만일 기쁘지 않다면 하지 말아야 합니다. 내 안에 없는 사랑을 억지로 끌어 쓰다가는 큰일 납니다. 사랑이 고갈되었다는 신호를 받았다면 기도하고 묵상하며 사랑이 다시 차오를 때까지 잠잠히 있어야 합니다. 기다려야 합니다.

때로 사역을 내려놓는 성도에 대해 신앙심에 문제가 있다는 식으로 질타하는 목회자가 있는데 절대 해서는 안 되는 일입니다. 조심해야 합니다. 목회자가 교회에 대한 비전이 너무 커서 성도의 삶이 보이지 않을 수 있습니다. 자기 욕심에 붙들려서 공동체를 건강하게 세우지 못할 수 있습니다.

내 삶이 무너지더라도 교회 일을 해야 한다고 생각한다면 오산입니다. 과부하가 걸렸다면 쉬어야 합니다. 목회자의 말에 무조건 순종하라고 배우셨습니까? 아닙니다. 우리가 순종할 대상은 하나님 한 분뿐입니다. 하나님이 아닌 목회자를 따라가고 있다면 그것이 바로 우상숭배입니다. 믿음생활이 아니라 종교생활을 하고 있을 뿐입니다.

우리가 하나님의 말씀에 순종하려면 내 안에 말씀이 차 있어야 합니다. 하나님은 호세아 선지자를 통해 "여호와를 알라"고 하셨습니다. 하나님을 아는 것이 먼저입니다. 상대를 알아야 청혼도 하고 결혼도 하지 않습니까? 하나님을 먼저 아는 것이야말로 하나님의 어떤 일보다 우선되는 일입니다.

내 말에 무조건 순종하라는 목사

Q 목사님은 기름 부음 받은 자이기에 우리가 무조건 순종해야 한다고 말합니다. 목사님께 대적하면, 즉 목사님의 잘못을 이야기하면 벌 받는다고도 합니다. 정말 그럴까요?

▲ 예수님은 하나님 한 분 외에는 누구도 선하지 않다고 말씀하셨습니다. 이것이 우리 신앙의 뿌리입니다. 하나님께서 기름 부은 자 엘리 제사장은 나중에 분별력을 잃고 하나님의 음성을 듣지 못하는, 영적으로 생명력을 잃은 지도자였습니다. 그의 두 아들도 제사장이었으나 고기를 탐하고 예배를 멸시하는, 행실이 나쁜 지도자였습니다. 더구나 그들은 하나님을 알지 못했습니다.

구약에서 하나님의 기름 부음을 받은 자는 제사장이나 왕, 선지자들이었습니다. 이들에게 기름을 부은 것은 특별히 하나님의 사명을 맡기기 위해서였습니다. 한편, 출애굽기 40장에는 하나님의 것으로 성별하기 위해 기름을 붓는 장면이 나옵니다. 신약시대를 사는 우리는 하나님의 것으로 구별된 자들입니다. 그러니까 목사 한 사람만 기름 부음을 받은 것이 아닙니다. 성도로 구별된 우리 모두가 기름 부음을 받았습니다.

성별된 자의 책무는 거룩하게 사는 것입니다. 그 거룩한 삶이 권위의 원천입니다.

무엇보다 권위는 내 입에서 나오는 것이 아니라 하나님이 부어 주시는 것입니다. 권위는 하나님의 거룩을 살아 내는 성도들에게 주시는 하나님의 선물입니다. 그리고 하나님이 주신 권위는 성도들이 압니다. 모를 수 없습니다. 따라서 목회자나 사역자가 스스로 권위를 주장할 필요가 없습니다. 내가 먼저 권위를 주장하는 것은 오히려 권위가 없다는 사실을 증거하는 것입니다.

제가 아들한테 "내가 네 아버지야. 나한테 버릇없이 굴면 가만두지 않을 거야" 윽박지른다고 아버지로서 권위가 세워집니까? 그저 아버지로서 아들을 사랑할 때 어느 날 아들이 아버지를 사랑하고 존경하게 되는 겁니다. 마찬가지로 "내가 목사야. 목사의 권위를 무시하고 무례하게 굴면 하나님이 가만두지 않으실 거야" 위협한다고 해서 목사를 존경할 성도가 어디 있겠습니까?

목사의 권위는 언제나 하나님과의 바른 관계에서 비롯됩니다. 마음과 목숨과 뜻을 다해 하나님을 사랑하고 성도를 전심으로 섬기는 것에서 권위는 자연스럽게 인정됩니다. 신앙의 본이 되는 목회자를 어떤 성도가 존중하지 않겠습니까? 반면에 하나님을 경외하지 않고 성도들을 대할 때마다 무시하고 심지어 위협한다면 어느 성도가 그를 존경하겠습니까? 성도에게 순종을 강요하고 억지로 권위를 내세운다는 사실만으로도 그의 모든 권위는 싹이 잘린 것과 같습니다.

신앙의 변질을 막기 위해 반드시 체크해야 할 것

● 정해진 질서를 따라 살면 속은 편할 것 같아요. 하지만 그리스도인은 주님이 기뻐하시는 생명의 원리를 따라 살아야 하잖아요. 어떻게 살아야 생명력 있는 신앙생활을 할 수 있을까요?

▲ "인자는 머리 둘 곳이 없다"(마 8:20)고 하신 예수님은 집 한 채 없는 무소유의 삶을 살았다고 할 수 있습니다. 하지만 집은 없으나 집에서 주무셨습니다. 자기 이름의 회당은 없었지만 회당에 가서 설교도 하셨습니다. 마르다가 차린 식사도 하셨습니다. 섬김을 받으신 겁니다. 무소유라고 해서 벌거벗고 헐벗으셨다는 게 아닙니다. 그러나 예수님은 집이든 식사든 회당이든 제도든 어느 것에도 매이지 않는 자유를 누리셨습니다.

부자 관원은 예수님이 전 재산을 팔아 이웃에 나눠 주라고 하자 쓸쓸히 돌아갔습니다(눅 18:22). 영생을 얻으려고 찾아왔다가 전 재산이 아까워 그냥 돌아간 겁니다. 말씀을 아무리 봐도 주님의 놀라운 지혜를 놓치면 물질에 매이고 사람에 매이고 제도에 매입니다. 오늘날 우리도 신앙생활 10년, 20년을 해도 여전히 무엇을 먹을까, 무엇을 입을까 끊임없이 근심합니다. 예수님이 공중의 새도 주님이 먹이시니 염려하지 말라 하지 않았습니까? 그러니 우리 또한 예수님의 놀라운 지혜를 놓치고 있는 겁니다.

교회도 마찬가지입니다. 십일조해라, 헌금해라, 주일성수 해라 가르치지만 그것이 성경적이기 때문에 강조하는 것입니까? 교회를 유지하기 위해서가 아닐까요? 처음에 예수님을 만나 뜨겁고 역동적이던 사람들이 교회생활 10년, 20년 하면서 차가운 영적 식물인간이 되는 이유가 무엇입니까? 교회가 성경적이지도 않고 예수님의 지혜를 가르치지도 않기 때문 아닙니까? 우리가 말씀을 따라 산다면 신앙생활을 계속할수록 생명력이 더 커져야 정상입니다. 날마다 말씀을 먹지 않으면, 매일 예수님을 만나지 못하면, 교회를 다녀도 기쁨이 없고 자유가 없습니다. 교회가 정해 놓은 질서를 따라 생각 없이 사는 것이 위험한 이유입니다.

지금 신앙생활 잘한다고 자만할 일도 아닙니다. 교회만 다니면 영생의 길이 보장된 것처럼 착각하지 마십시오. 자기도 모르는 사이에 미갈이 되어 예루살렘으로 법궤를 모셔 오며 옷이 벗겨지는 줄도 모르고 기뻐 춤추는 다윗을 비웃고 있을지도 모릅니다. 예배드리면서 기쁨이 없다면 신앙생활을 취미생활로 하는 게 아닌지 자신을 의심해 봐야 합니다. 예배 때마다 흐르던 눈물이 메말랐다면 내 신앙에 무슨 문제가 있는 것은 아닌지 스스로 점검해 봐야 합니다.

그러니 목회자를 쳐다보지 말고 예수님을 바라보아야 합니다. 목사의 설교만 듣지 말고 예수님의 말씀을 읽어야 하고 그 음성을 직접 들어야 합니다. 목회자는 "예수님을 바라보라"고 목이 터지도록 사냥개처럼 짖어대야 합니다. 교회에 와서 예수님은 만나지 못하고 목회자와 눈만 마주치고 가면 큰일 납니다. 우리가 살길은 예수님을 만나는 것입니다. 예수님과 대화하는 것입니다. 예수님과 동행하는 것입니다.

구약성경을 읽는 것이 어렵고 힘들 때 알아야 할 것

Q 신약을 읽을 땐 너무 좋은데 구약은 읽기가 힘듭니다.

A 저는 처음에 구약 한 번 읽을 때 신약 세 번 읽겠다고 생각했습니다. 구약이 신약보다 3배가량 양이 많기 때문입니다. 그런데 말씀을 읽다 보니 구약은 예수님이 오시기 전까지 주어진 미성년자를 위한 책이란 생각이 들었습니다. 18세까지는 보호자가 필요한 미성년자인 것처럼 구약은 가이드가 필요한 신앙인을 위한 책이라는 겁니다. 그렇게 가이드가 끝나면 신약으로 넘어가 말씀과 성령을 받아 신앙을 성숙시켜 가는 성년으로 나아가게 되는 것입니다.

구약을 읽을 때 주의할 것이 있습니다. 첫째, 구약은 끊임없이 뭔가를 제약하는 느낌을 지울 수 없다는 것입니다. 우리가 아직 성인이 되지 못하여 독단적으로 판단할 것을 염려해 가이드를 제시하고 있다고 이해하면 될 것 같습니다.

둘째, 3천~4천 년 전의 시대적 배경을 이해할 필요가 있습니다. 인신 제사가 횡행하고, 힘의 논리가 지배하고, 전쟁을 일삼고, 우상에 기대 삶을 이어 가고…. 말씀은 그런 시대를 향해 소리를 높여야 했던 하나님의 메시지라는 것을 헤아려야 합니다.

셋째, 하나님의 성품에 주목하라는 겁니다. 하나님은 성경의 세 장을 못 넘기고 용서하시는 분입니다. 마치 거짓말하고 잘못을 저지르는 자녀를 사흘을 못 넘기고 용서하는 부모의 모습과 같습니다. 진노하나 곧 용서하시는 하나님의 사랑을 발견하기 바랍니다.

레위기가 제사법을 그토록 자세하게 기술한 이유

● 레위기와 민수기에서 성막을 짓고 예물을 드리는 과정을 너무 디테일하게 묘사하는 이유가 무엇일까요?

▲ 인간이 할 수 없는 일이 딱 한 가지 있습니다. 우리가 집을 못 짓습니까, 운하를 못 팝니까, 바다에 다리를 못 놓습니까? 정말 예전엔 상상도 못 한 일을 해내는 것이 인간입니다. 그런데 21세기에도 인간이 할 수 없는 일이 있습니다. 바로 죄 문제의 해결입니다. 인간은 여전히 죄의 문제를 해결하지 못합니다.

하나님은 인간을 구원하는 구약적 방법으로 제사를 제시하셨습니다. 레위기는 유대인들이 가장 먼저 읽는 책입니다. 왜 어린아이들에게 우리도 읽기 힘든 레위기를 가장 먼저 읽히고 가장 먼저 가르치겠습니까? 우리로 치면 조상들한테 제사드리는 제사법에 해당되지만 그보다 훨씬 더 심각한 문제를 다루고 있기 때문입니다. 레위기는 바로 죽고 사는 문제에 관한 것입니다. 죄 사함을 받지 못하면 반드시 죄의 삯을 치러야 합니다. 곧 죽음입니다. 이스라엘 백성들의 정체성을 지키는 첫 번째 과제는 죄를 용서받는 일입니다.

이처럼 제사는 죄 문제를 해결하는 구약적 방식이기에 유대인들에게는 죽고 사는 문제였습니다. 예를 들어, 어떤 음료수병에 해골이 그려져 있다고 합시다. 무슨 뜻입니까? 이거 먹으면 죽는다는 경고입니다. 그래서 아이들 손이 닿지 않는 곳에 두는 등 특별히 관리해야 합니다. 인간의 죄 문제를 해결하는 제사 방법도 특별히 잘 다뤄야 하는 관리법입니다. 레위기가 그토록 세세하게 제사법을 기록한 건 그 때문입니다.

구약에는 번제, 소제, 거제, 속죄제, 속건제, 화목제… 그 이름도 복잡하고 구분도 쉽지 않은 제사법이 나옵니다. 하지만 그것이 하나님이 인간의 온갖 죄를 용서하는 방법이라는 사실을 믿는 자들로서는 정말 생명을 걸고 지키는 제사법이었습니다. 그러나 문제는 익숙함입니다. 아무리 거룩한 제사법이라 해도 제사장들의 태도가 흐트러지고 제사 드리는 백성들의 태도가 허물어지면 제사의 본질과 의미는 퇴색하고 까다롭기만 한 절차만 남게 됩니다.

제사를 드려야 할 성막은 또 어떻습니까? 얼마나 자세하게 기록되어 있습니까? 모세는 출애굽기에서 하나님이 주신 설계도를 따라 한 치의 오차도 없이 성막을 짓습니다. 모세의 위대한 점은 하나님의 말씀을 경청했다는 것이고, 그 말씀을 따라 단 한 말씀도 벗어남 없이 순종하며 실행했다는 것입니다. 믿음은 들음에서 나고 들음은 순종으로 이어져 신앙이 다음 세대로 전수됩니다. 그러나 성막과 제사법이 전수되는 것 이상으로 중요한 것은 무엇을 위한 성막과 제사인지를 기억하는 것입니다.

성경은 오류 없이 완벽할까?

Q 성경은 하나님의 영감으로 쓰였으므로 일점일획도 오류가 없다고 합니다. 하지만 번역본에 대해서도 무오론을 주장하는 건 아닌 것 같아요. 과연 완벽한 번역이 가능한 걸까요?

▲ 결론부터 말씀드리면 완벽한 번역은 없습니다. 오늘날 우리가 읽는 한국어 성경은 히브리어, 헬라어 성경 사본을 번역한 것입니다. 모세나 에스라 같은 인물이 쓴 원본이 아니라 그것을 필사한 사본이라는 것입니다. 서기관들이 목욕재계하고 성경 필사를 했다는 얘기는 많이 들어 봤을 겁니다. 헬라어 성경만도 사본이 6000개 이상 발견됐다고 들었습니다. 다양한 사본이 있는 만큼 그 내용도 조금씩 다릅니다. 그 사본을 다시 번역한 것이니, 영어 버전이든 한글 버전이든 오류가 없다고 하는 건 무리라고 생각합니다.

하지만 분명한 건 성경은 성령의 감동으로 쓰였다는 겁니다. 그렇게 많은 사본이 있고, 그것을 번역한 버전이 다양함에도 말씀의 본질은 훼손되지 않았기 때문입니다.《예수는 역사다》를 쓴 리 스트로벨(Lee Strobel)은 성경이 허구임을 증명하려다 인류 역사상 가장 신뢰할 만한 문서라는 사실을 인정해야 했습니다. 사본은 수천 개이지만 그 본질만큼은 99% 일치한다는 점에서 오류에 대한 두려움을 갖지 않아도 됩니다. 일점일획도 오류가 없다는 것은 문자적으로 완벽하다는 뜻이 아닙니다. 예수님이 '성경을 완성하러 왔다' 하신 것은 성경의 핵심을 이루시겠다는 뜻입니다. 예수님이 곧 말씀이기 때문입니다.

성경을 읽으면서 미심쩍은 부분이 발견된다면, 주석 성경을 참조하거나 여러 가지 번역본의 성경을 함께 읽어 보길 권합니다. 그러나 무엇보다 중요한 것은 성령의 감동으로 성경을 읽는 것입니다. 막힌 부분을 억지로 해석하다 보면 이단에 빠질 위험이 큽니다. 특히 요한계시록을 무리하게 해석하지 말기를 바랍니다. 아이들은 요한계시록을 가장 재미있게 읽습니다. "와 재미있다. 불이 나오고 난리다" 하면서 말입니다. 어린아이처럼 쉽게 말씀을 봐도 좋습니다. 사실 때가 되면 막힌 부분이 자연스럽게 이해되기도 합니다. 우리 안에 계신 성령님이 때가 되면 알게 하십니다.

6장

성숙의 길을 알려 주세요

_ 자기 부인

_ 성령

_ 예수님의 제자

나를 부인하고 주님만을 따르는 방법

● 사회생활 중에 자기를 부인하고 주님을 따르는 구체적인 방법은 무엇인가요? 무언가를 성취하기 위해 모인 집단에서 자기를 부인한다는 게 어떤 의미를 가질까요?

▲ 사실 모든 공동체는 '자기 부인'을 위한 하나님의 선물입니다. 우리가 가정에서 제대로 자라면 자기 부인은 자연히 습득되는 삶의 방식입니다. 아버지가 아이를 위해서 희생하는 게 무슨 대단한 일입니까? 당연한 일입니다. 자녀가 부모에게 효도하는 게 무슨 대단한 일입니까? 당연한 일이지요. 그것이 곧 자기 부인 아닙니까? 십계명도 자기 부인의 길을 제시하고 있습니다. 먼저 하나님을 인정하는 것, 이웃을 사랑하는 것, 모두 자기 부인의 길입니다. 자기 부인의 삶이 자연스럽게 이뤄지는 곳이 곧 가정이고 교회입니다.

세상의 질서는 가진 자가 더 많이 가지고 더 많이 누리는 기득권의 질서입니다. 그 기득권을 가지려고 수많은 사람들이 남을 짓밟고서라도 사다리 끝을 향해 오르는 것이 세상의 질서입니다. 그런데 이와 같은 세상의 질서를 거스르는 것이 바로 교회요 가정입니다. 그래서 교회와 가정이 무너지면 세상도 무너집니다.

제가 신학교 다닐 때 일입니다. 노트 필기한 것을 빌려 달라고 말하기 어려운 분위기에서 한 번 요청했을 뿐인데도 학기가 끝날 때까지 필기 노트를 빌려준 친구가 있습니다. 이 친구한테서 자기 부인을 배웠습니다. 그것이 곧 그리스도인의 삶이 아닐까요? 연약하고 부족한 사람을 말없이 도와주는 것, 형제나 자매가 기뻐하는 것을 함께 기뻐하는 것, 소외된 사람들에게 이웃이 되어 주는 것, 사실 이것이 정상적인 삶입니다. 비정상의 세상 질서를 거슬러 정상의 질서를 회복하는 것이 그리스도인에게 주어진 책임이기도 합니다.

Q **하지만 그렇게 자기 부인을 하다 보면 경쟁에서 뒤처지는 게 아닐까 두렵습니다.**

▲ 저는 나를 부인했더니 두려움이 사라졌다고, 더 창의적이 되었다고, 훨씬 더 효율적으로 살게 되었다고 하는 사람을 많이 보았습니다. 어느 대학에선 '공부해서 남 주자'

를 강조합니다. 남을 살리기 위해 일할 때, 남 주기 위해 공부할 때, 남만 사는 것이 아니라 나도 살아날 뿐 아니라 훨씬 아름다운 성취를 이루게 됩니다. 내가 누군가를 이기려고 애쓰지 않아도 잘 살 수 있습니다. 남하고 경쟁해서 발전하는 것도 하나의 방법이지만, 이럴 때의 기준은 내가 이기고자 하는 그 사람이 돼 버립니다. 고작 내가 이기고자 하는 그 사람이 내 수준이 되는 겁니다. 그 사람을 이기고 나면 행복할까요? 또 다른 사람이 등장해서 또 이기려는 싸움을 해야 합니다. 절대 끝나지 않는 싸움을 하느라 인생을 허비하게 될 뿐입니다.

우리의 기준은 하나님입니다. 하나님의 뜻에 합당한 삶이 우리의 기준이 되어야 합니다. 하나님은 먼저 우리를 사랑하기로 결정하셨습니다. 그 뜻을 따라 먼저 남을 섬길 때 어제보다 나은 오늘을 살 수 있습니다. 우리의 경쟁 상대는 어제의 나입니다. 어제의 나와 싸울 때 오늘의 나는 한층 성장하고 동시에 성숙할 수 있습니다. 그래서 진정한 그리스도인은 자신도 모르는 사이에 탁월한 사람으로 우뚝 서게 됩니다.

교회 활동, 꼭 해야 할까?

Q 시댁 식구들이 예수님을 믿지 않아 혼자 가까운 교회에 가서 예배만 드리고 있습니다. 교회에선 활동을 권유하지만 지금으로선 예배드리는 것만으로도 감사한 일입니다. 교회 활동, 꼭 해야 할까요?

▲ 저는 이분이 예배를 잃지 않고 있는 것으로 족하다고 생각합니다. 아무도 믿지 않는 집에서 홀로 예배드린다는 것은 선교지에 혼자 가서 분투하는 것과 같은 일입니다. 믿음이 없이 우상 장사하던 아브라함도 가나안 땅에 와서 제단을 쌓기 시작했습니다. 예배를 드렸다는 겁니다. 낯선 가나안 땅에서, 그것도 출석할 교회도 없는 곳에서 아브라함은 홀로 예배를 드렸습니다. 이것이 곧 하나님의 부르심이고 하나님을 믿는 믿음의 시작입니다. 그러므로 질문자는 이미 낯선 그 땅에서 하나님 나라를 이루어 가고 있는 겁니다. 자신이 할 수 있는 최선으로 예배를 드리고 있는 겁니다. 하나님께서 이분의 예배를 받으시고 회복시켜 주실 것입니다.

하지만 교회는 주일성수 해라, 공동체에 들어가라, 교회 활동하라고 할 것입니다. 공동체를 통하지 않고는 내가 나를 좀처럼 부인할 수 없기 때문에, 또한 반드시 거쳐야 할 광야와 같은 곳을 피해 버렸기 때문에 바른 신앙인으로 성숙할 기회를 저버린 것과 같습니다. 이처럼 공동체에 속한다는 것은 고난받는다는 뜻입니다. 때문에 교회의 권유는 당연한 것이지만 질문자에게는 조심해야 할 권유입니다. 질문자는 이미 남다른 고난 중에 있습니다. 집이 곧 광야입니다. 교회 사역을 강권할 상황이 아닙니다. 공동체도 중요하고 성도의 교제도 중요합니다. 하지만 질문자는 당장 교회 공동체에 속하지 않더라도 하나님께서 지금 맞춤형으로 빚어 가고 계십니다. 이 사실을 인정해야 하고 존중해야 합니다.

하나님 일을 감당하기엔 부족하다는 당신

Q 하나님의 일을 감당하기에는 제가 너무 부족한 사람처럼 보입니다. 제가 연약한 사람이라는 것을 뼈가 저릴 정도로 잘 알고 있습니다. 그래서 하나님께 제 삶을 드린다는 말이 제게는 사치스럽게 느껴집니다. 부끄럽지만 이런 제가 과연 하나님의 위대하신 계획과 뜻을 위해 쓰임 받을 수 있을까요?

▲ 이제 때가 가까워졌다는 느낌입니다. 하나님이 쓰시기 일보 직전의 태도로 보입니다. 저는 제가 다 잘할 수 있다고 자신만만했을 때 하나님께서 쓰지 않으셨습니다. '저 목사들보다 내가 설교하는 게 낫겠다' 하는 마음으로 신학교에 들어갔는데, 막상 설교를 해보니 나도 듣지 못하겠더라고요. 오히려 입이 오른쪽으로 한 번, 왼쪽으로 한 번 돌아갔습니다. '이제 단에도 못 서겠구나' 했을 때 하나님은 저를 다시 일으켜 세우셔서 일하게 하셨습니다.

하나님은 우리의 재능이 필요한 분이 아닙니다. 하나님께서 능력이 부족해서 우리를 쓰시는 게 아닙니다. 나무로 조립하여 만드는 행글라이더 키트를 아빠와 아들이 함께 만든다고 합시다. 어린아이라면 아빠가 대부분을 만들게 됩니다. 그렇게 완성한 행글라이더를 하늘에 띄우면서 아빠가 아들에게 말합니다. "네가 다 한 거야." 하나님과 우리의 관계도 이렇습니다. 우리가 능력이 있어서 하나님의 일을 하는 게 아닙니다. 하나님이 다 하십니다. 다만 우리를 동역자로 치켜세우실 뿐입니다.

내가 하나님의 일을 할 만하다고 생각한다면 대단한 착각이고 오만입니다. 도리어 아무것도 할 줄 모른다는 자세, 혼자 할 수 있는 일이 전혀 없다는 것을 아는 인식, 아버지께서 함께하시지 않으면 한 걸음도 내디딜 수 없다는 태도, 그 자세를 가질 때 비로소 하나님의 일이 시작될 것입니다. 인간의 가능성을 눈을 씻고 찾아도 찾을 수 없는 바로 그 자리에서 하나님의 가능성이 시작됩니다. 하나님의 가능성은 전능하심의 사인입니다.

인간은 용서할 수 없습니다. 그래서 용서는 하나님이 하시는 일입니다. 인간은 자기 자신보다 남을 낫게 여기거나 사랑하지 못합니다. 하나님이 먼저 우리를 사랑하셨습니다. 만일 내가 남을 나보다 더 사랑한다면, 내 안에 하나님의 사랑이 부어져서입니다. 인간은 이유 없이 남을 미워하는 사람이지 이유 없이 남을 사랑하는 사람이 아닙니다. 그러니 이유 없이 그 사람이 밉다면 내가 미워하는 것이고, 이유 없이 그 사람이 사랑스럽다면 내 안에 계신 주님께서 사랑하시는 것입니다.

하나님의 일은 이런 겁니다. 관계를 잘 맺는 능력, 뒤에서 험담하지 않는 능력, 남을 가볍게 여기지 않는 능력… 이런 것들이 하나님이 부어 주시는 능력이요, 하나님이 일하시는 방법입니다. 오늘 내가 만난 사람이 내게 이롭든 해롭든 상관없이 하나님이 이 순간에 주신 사람이라는 걸 믿으면 거기에 하나님 나라가 임하게 됩니다.

하나님의 일을 해서는 안 될 사람이 하나님의 일을 하는 걸 참 많이 봅니다. 그들 중 많은 사람이 실제로는 하나님의 일이 아닌데 하나님의 일이라고 주장하고 있습니다. 하나님의 일은 진리 안에서 자유하는 것, 서로 사랑하는 것, 성령의 열매를 맺는 것입니다. 설교하고 찬양해도 진리 안에서 자유하지 못하고 사랑하지 못하며 성령의 열매가 그 삶에 나타나지 않는다면, 그것은 하나님의 일이 아닙니다. 아무리 많은 사람이 내 일과 나의 능력을 인정하고 칭찬해도 주님께서 내가 너를 도무지 모른다 하면 무슨 소용입니까?

그리스도인은 자기감정을 어떻게 다룰까?

하나님의 말씀은 자기 부정을 일상생활에서 꾸준히 실천해야 한다고 가르치는 것 같아요. 그렇다면 인간의 감정, 즉 고통, 기쁨, 슬픔 이런 것들을 어떻게 이해해야 할까요? 이런 것들을 느끼되 좇지 않는 것이 중요한가요?

▲ 저는 하나님의 손길로 그야말로 모든 감정의 원형이 회복되는 것을 경험했습니다. 우리가 살아가는 이곳은 맛이 없어야 하는데 맛이 있고, 맛이 있어야 하는데 맛이 없는 비정상이 정상처럼 여겨지는 곳입니다. 단 며칠만이라도 금식해 보면 우리 혀의 감각이 얼마나 오염되었는지 알 수 있습니다. 죽 한 수저, 방울토마토 하나에 담긴 그 오묘한 맛을 제대로 느끼게 됩니다. 어떻게 이토록 작은 토마토에서 이런 맛이 나는지 정말 놀라울 지경입니다.

봄철 들판에 나가 야생화를 자세히 살펴보십시오. 어쩌면 그렇게 아름다운 색깔을 꽃잎에 물들여 놓는지 감탄밖에 나오지 않아요. 열대어들의 형형색색을 지켜보십시오. 절로 미소가 번지면서 하나하나가 사랑스럽습니다. 저는 이것이 원래 하나님이 지으신 우리의 감각이라고 생각합니다. 믿음 안에서 이런 감각이 온전히 회복되어야 합니다.

감정도 마찬가지입니다. 예전엔 욕 한마디 듣고도 몸을 바르르 떨었지만 믿음 안에서 회복되면 욕하는 그 사람이 안타깝습니다. 화를 내는 사람에게 화가 나지 않고 긍휼의 마음이 듭니다.

순전한 믿음이란 순전한 회복의 밑거름입니다. 예수를 제대로 만나면, 우리는 제대로 회복됩니다. 예수를 만나지 못해 회복되지 못한 상태, 그것은 심하게 말하면 인간의 탈을 쓴 짐승과 다를 바 없습니다.

입만 열면 거짓말을 하고 하루 종일 생각하는 것이 다른 사람들에게 해악을 끼치는 것이라면 그를 어떻게 인간이라고 할 수 있습니까? 인간의 몸을 입고 인간의 말을 한다고 해서 인간이라고 말할 수는 없습니다.

구원은 하나님이 창조하신 본래 형상을 회복하는 것입니다. 회복된 사람은 타인의 아픔에 공감하고, 이유 없이 어려움을 겪는 타인에게 도움의 손길을 내밉니다.

공생애 동안에 예수님은 우리의 아픔을 깊이 공감하고 눈물 흘리셨습니다. 불의에 대해서는 불같이 화를 내셨습니다. 우리의 작은 믿음을 보고도 뛸 듯이 기뻐하셨습니다. 우리도 회복되면 그런 정서적인 반응을 하게 됩니다.

다른 사람을 험담하고 싶을 때

Q 안 그러려고 해도 자꾸 다른 사람 험담을 하게 됩니다. 그래 놓고 회개기도 하는 제가 너무 싫습니다. 하지만 조직에서 남한테 피해를 주는 사람을 보면 화가 납니다.

▲ 제 아내는 저에 대해 화가 나거나 불만이 있을 때 방문을 걸고 하나님께 미주알고주알 하소연합니다. 제 앞에서 욕을 하지도 않고 남한테 제 험담을 하지도 않습니다. 친정 식구들한테도 절대 하지 않습니다. 아내가 남한테 내 험담을 한다면, 그것은 아군에게 총질하는 것과 같습니다. 그러면 부부간에 전쟁이 일어나는 것이지요. 내전입니다.
다윗은 적군과 아군을 구별하는 지혜로운 사람이었습니다. 형들의 군량미를 지고 전쟁터에 갔을 때 형들은 고마워하기는커녕 오히려 다윗을 나무라고 꾸짖었습니다. 그때 다윗은 형들과 싸우지 않고 골리앗과 싸웁니다. 형들이 아무리 자기를 괴롭혀도 그들은 아군이지 적군이 아니라는 것입니다. 만일 다윗이 물맷돌을 골리앗이 아닌 형한테 던져 형을 죽였다면, 시대의 영웅이 아니라 살인범이 되어 감옥에 갔을 것입니다. 누구에게 분노하느냐 나의 분노를 누구에게 쏟느냐, 그

게 이처럼 중요한 것입니다.

시편을 보면 다윗은 악인의 이를 꺾어 달라(시 3:7), 거짓말하는 자를 멸망시켜 달라(시 5:6), 스스로 뽐내는 자들이 수치와 욕을 당하게 해달라(시 35:26)고 하나님께 자기 분노와 화를 쏟아 냅니다. 다윗의 위대한 점이 바로 이것입니다. 사람이 아닌 하나님께 정직하게 토로한 것입니다. 화가 났을 때 첫째, 아군과 적군을 구별하고 둘째, 그 화와 분노를 사람이 아닌 하나님께 쏟으시기 바랍니다. 그러면 다윗처럼 영웅이 됩니다. 왕이 됩니다.

형식이냐, 내용이냐?

Q 교회를 잘 섬기기 위해 찬양팀은 이렇게, 모임은 저렇게 하자고 나름대로 규율을 정해 놓았는데, 형식보다 내용이 중요하다며 규율을 가볍게 여기는 사람이 있습니다. 규율을 어겼을 때 견책하자니 바리새인 같고, 규율 없이 가자니 아무런 가르침도 안 되는 것 같습니다. 어떻게 해야 할까요?

▲ 그래서 우리가 성경을 읽는 겁니다. 예수님은 율법을 무시하시는 것 같지만 율법을 완성하러 왔다고 말씀하셨습니다. 반면에 바리새인들은 율법을 지키는 것 같지만 율법에 묶여서 율법의 본질을 훼손하는 자들이었습니다. 예수님과 바리새인은 같은 듯하지만 전혀 다른 길을 갔기 때문에 둘 사이에는 긴장이 흘렀습니다. 지금도 마찬가지입니다.

규범에 따라 살면 고민하지 않아도 되니까 편합니다. 하지만 익숙하고 편한 것에 안주하다 보면 어느 순간 구태의연하고 편협한 길을 가게 될지도 모릅니다. 반면에 모든 규범을 무시하면 인간과 인간 간의, 조직과 조직 간의 약속이 이행되지 않아 혼란스러워집니다. 또한 규범을 배우고 익히고 훈련되어야 거기서 자유로워질 수 있습니다. 알을 깨고 나와야 병아리가 되고 닭이 되듯이 알 속에서 성장하는 시간이 필요합니다.

신앙의 성숙은 각자가 다릅니다. 그러니 알 속에서 성장해야 할 사람더러 병아리다워지라고 말할 수 없고, 이미 닭이 된 사람에게 알 속으로 다시 들어가라고 말할 수 없습니다. 어떤 규범이나 원칙을 가지고 모든 사람을 판단하는 것 자체가 불가능합니다. 신앙은 각자가 예수님을 만나 답을 찾아가는 과정이 되어야 합니다. 교회나 조직이 성경이 아니라 스스로 설정한 규정을 답이라고 주장해서는 안 됩니다. 교회가 대신 답을 주는 데 익숙해지면 성도들은 자칫 예수님과 점점 멀어지게 될 것입니다.

신앙의 이 오묘한 특성으로 인해 괴로울 수 있습니다. 갈등이 생길 수 있습니다. 그러나 이 갈등과 긴장을 두려워해선 안 됩니다. 그걸 불편한 것으로 여기면 안 됩니다. 그것은 당연한 것입니다. 이 갈등과 긴장 사이에서 답을 찾아가는 것이 신앙의 넓이와 깊이이자 신앙의 진정한 능력입니다.

상처받지 않고 겸손해지는 방법

● 낮아지고 겸손해질수록 사람들은 저를 얕잡아 보고 놀림거리로 만듭니다. 성경에 악인을 부러워하지 말라 했는데 때때로 사람들이 함부로 대하지 못하는 악인이 부럽기도 합니다. 어떻게 하면 상처받지 않으면서 낮아지고 겸손해질 수 있을까요?

▲ 어린아이는 낮아지고 겸손할 일이 없습니다. 원래 낮습니다. 낮아지고 겸손해진다는 것은 내게 충분히 누릴 만한 기득권이 있다는 것을 전제로 합니다. 그럼에도 불구하고 그 기득권을 내려놓고 포기할 때 낮아지고 겸손해지는 것입니다. 겸손은 내가 충만할 때 그걸 의식하지 않아도 자연스럽게 흘러나오는 태도입니다. '나 겸손해야지, 난 겸손할 거야' 한다고 겸손해지는 게 아닙니다. 그것은 위선입니다. 예수님이 가장 싫어하는 것이 위선입니다. 예수님 당시 종교 지도자들은 겉으로 지극히 겸손하고 경건했지만 실은 하나같이 위선자들이었습니다. 예수님은 이들을 가리켜 '회칠한 무덤' '독사의 자식들'이라고 비판하셨습니다.

겸손은 내게 그걸 누릴 권한도 있고 자격도 있지만 포기하는 태도입니다. 내 권위를 이용해 주장하거나 고집하지 않는 태도입니다. 이런 사람에게서 참된 권위가 나옵니다. 남들이 하지 않는 포기를 하니까 사람들이 궁금해하고 고마워하고 존경하게 되는 것입니다. 따라서 권위는 내가 만드는 게 아니라 남이 인정해 줘서 만들어지는 것입니다. 평소엔 자잘한 것까지 욕심을 부리다가 실력이 안 되고 능력이 안 되어 포기하면서 "내가 이번엔 양보할게" 한다고 누가 그를 겸손하다고 하겠습니까? 아마 이 사람의 양보조차 달가워하지 않을 것입니다.

인간은 근본적으로 겸손한 존재가 못 됩니다. 내가 차고 넘치기 전에는 겸손하기 힘듭니다. 내가 가지고도 남을 때 비로소 움켜쥔 손을 펼 수 있습니다. 그러니 애초에 나는 겸손하다고 생각하지 마십시오. 우리는 다 교만합니다. 다만 하나님께 나의 교만을 꺾어 달라고 기도할 수 있습니다. 하나님이 교만한 나를 깎으시고 다듬어야 겨우 사람들한테 겸손하다는 말을 들을 수 있을 것입니다. 그런 말을 듣는다면 하나님께 더욱 교만을 꺾어 달라고 기도해야 하겠지요. 내가 겸손해졌다고 착각하게 만드는 것이 교만의 완성이기 때문입니다.

성령님이 늘 느껴지지 않을 때

● 예수님은 나의 주님이십니다. 오늘도 성령님이 나의 삶에 역사하심이 분명한데 왜 성령 하나님이 내 안에 함께하신다는 게 늘 느껴지지 않을까요?

▲ 결혼하셨는지 모르겠지만, 저는 아내가 나와 늘 함께한다는 것이 느껴지지 않습니다. 하지만 결혼한 사실을 잊은 적은 없습니다. 아내한테 친밀감을 느낄 때도 있고 서운할 때도 있지만 아내와 결혼한 사실은 변함이 없습니다. 몸이 떨어져 있을 때도 있지만 아내를 다시 만날 거라는 확신이 있으니까 그게 문제가 되지 않습니다. 소원해질 때도 있지만 다시 친밀감을 가질 줄 믿으니까 그 때문에 일희일비하지 않습니다.

그러니 하나님을 의식하겠다고 다른 방법을 구할 필요가 없습니다. 영적 체험을 구하러 다니는데 그러다 실족하거나 이단에 빠지기 쉽습니다. 그냥 말씀대로 살면 됩니다. 신앙에서도 외식을 탐하는 분들이 있는데, 외식은 간이 세서 건강에 좋지 않습니다. 자꾸 비범한 걸 찾으면 건강만 해칠 수 있습니다.

그리고 성령을 '느낌'으로 계시다, 안 계시다 하지 마십시오. "내가 너를 구속하였고 내가 너를 지명하여 불렀나니 너는 내 것이라"(사 43:1)고 주님이 분명히 말씀하셨습니다. 말씀 가운데 있지 않으니까 자꾸 '느낌'을 찾는 겁니다. 말씀을 자꾸 잊으니까 더 크게 말해 주세요, 하고 조르는 겁니다. 느낌이 아니라 주님이 우리를 부르신 '사실'을 믿으시기 바랍니다. 이 영원한 진리의 말씀을 날마다 읽으시기 바랍니다.

성령을 받으면 보이는 증상

Q 예수님을 믿고 성령을 받아야 한다고 하는데, 저는 예수님을 믿지만 성령을 받았는지는 잘 모르겠어요. 어떤 때는 성령을 받은 것 같다가도 어떤 때는 아닌 것 같거든요. 성령을 받았을 때 나타나는 구체적인 증거가 있나요?

▲ 누군가를 사랑하면 그 마음을 감추려 해도 감출 수가 없습니다. 얼굴에 다 나타납니다. 성령을 받은 사람도 마찬가지입니다. 엄마가 아기를 잉태하면 그 새 생명으로 인해 변화가 일어납니다. 입덧을 하는가 하면 먹고 싶은 것과 먹기 싫은 게 생깁니다. 성령이 우리 안에 살아 계시면 그로 인해 우리 삶에 변화가 생길 수밖에 없습니다. 술을 딱 끊는 사람도 있습니다. 그런데 공통된 변화는 거짓말을 하지 않는다는 것입니다. 거짓말을 밥 먹듯이 하는 교인은 성령 세례와는 상관없는 사람입니다.

성령을 받아 어떤 힘, 에너지, 파워를 갖기 원하고 그 힘을 발휘하는 능력에 관심이 많은 사람이 있습니다. 하지만 하나님은 생명을 구원하는 일 외에는 하나님이 주신 은사를 우리가 우리의 판단에 따라 우리의 뜻대로 사용하는 것을 원하시지 않습니다. 성경은 그런 능력을 구하거나 중재한다고 속이는 무당이나 박수를 다 죽이라고까지 명령합니다. 매우 단호합니다.

무당이나 박수에게 의지하는 사람이 구하는 것은 개인의 영달입니다. 사업이 잘되고 자녀가 대학에 합격하고 돈 많이 벌고 알아주는 직장에 취직하고… 혹시 이런 욕망을 성취하기 위해 성령 받는 일에 관심을 갖고, 성령 받기를 원한다면, 성령을 박수나 무당으로 이해하고 있는 겁니다.

믿는 사람은 하나님의 일에 관심을 가져야 합니다. 하나님 나라와 생명 구원에 우선순위를 두면, 하나님은 우리가 바라지 않아도 하나님의 일에 필요한 것을 넘치게 채워 주십니다.

성령을 받고 싶어요

Q 성격 탓인지 저는 하나님을 향한 마음도 조용하고 잔잔합니다. 담대하게 하나님을 전하고 싶고 성령의 불도 받고 싶은데 어떻게 기도하면 될까요?

▲ 질문자는 이미 성령을 받으셨습니다. 성령에 대한 관심은 성령이 없이는 생기지 않습니다. 성령은 우리의 기질을 존중하기 때문에 그분의 나타나심은 사람마다 다릅니다. 저는 이렇게 비유합니다. 바람이 불 때 종이는 팔랑팔랑 날아가지만, 깃발은 펄럭거리고 담벼락은 꿈쩍도 하지 않습니다. 바람은 왔지만 바람에 반응하는 것은 다 다른 모습입니다. 성령 충만은 불처럼 뜨거운 것만이 아닙니다. 그러므로 성령 충만이 동일한 양상을 갖지 않는다는 것, 이것을 인정할 필요가 있습니다. 성령은 한 분이지만 성령의 은사는 필요에 따라서 다양하게 주십니다.

그런데 성령의 은사를 받는 목적이 무엇입니까? 나의 뜨거운 신앙생활을 위해서입니까? 아닙니다. 신앙생활은 예수님을 닮아 가는 것입니다. 성화되어 가는 것입니다. 성령의 은사는 독특한 상황과 환경에서 교회의 덕을 위해서 주신 것입니다. 한 사람의 덕을 위해서가 아니라 교회의 덕을 위해서 주신 것입니다. 기도가 필요한 교회는 방언을 주실 것이고, 구제가 필요한 교회는 구제의 은사를 주실 것입니다. 그러므로 이 은사는 우리가 하나님 앞에 반듯하게 서 있기만 하면 하나님이 필요한 대로 주십니다.

고린도 교회는 은사로 인해 말썽이 많았던 교회입니다. 나는 이런 은사를 받았으니 A급 신자고 너는 겨우 그런 은사를 받았으니 B급 신자라면서 서로 비교하고 그 때문에 갈등이 일어났습니다. 그런 까닭에 고린도전서는 성령의 다양한 은사를 설명하고 있습니다.

교회의 큰 그림을 위해서는 여러 종류의 은사가 필요합니다. 그러나 은사는 동등한 가치를 지니는 것으로 우열이 없습니다. 그러므로 질문자가 예수를 주라고 시인한다면 이미 성령을 받으신 겁니다. 이걸 믿어야 합니다. 성령이 내 안에 있음을 믿어야 성령이 내 안에서 일하십니다. 그래도 자꾸 의심이 된다면 당분간 기도할 때 '성령님' 하고 부르며 기도해 보십시오. 마음에 불편함이 없고 평강이 있다면 성령님이 그 기도를 들으시고 걸음을 인도해 주실 것입니다.

회개하면 되는데 성화가 꼭 필요한가?

Q 성화란 무엇이죠? 왜 필요한가요?

A 우리는 예수님으로 말미암아 모든 죄를 용서받아 구원되었습니다. 하지만 죄를 짓던 버릇은 남아 있습니다. 나쁜 버릇은 세 번이면 금방 몸에 익어서 평생을 갑니다. 하지만 나쁜 버릇을 고치는 일은 세 번 가지고는 절대 안 됩니다. 사흘 해도 안 되고 3년 해도 안 돼요. 3년간 하루도 빠짐없이 새벽기도 했어도 사흘만 늦잠 자서 건너뛰면 바로 새벽기도 하기 힘들어집니다. 3년을 하루같이 길들여도 하루아침에 무너지는 겁니다.

뿌리 깊이 박힌 죄의 용서는 이루어졌지만, 용서받은 삶에 합당하게 살아가려면 부단한 노력이 필요합니다. 주님을 의지하는 대신 나를 의지하는 순간 바로 죄인으로 돌아가게 됩니다. 사도 바울은 "선 줄로 생각하는 자는 넘어질까 조심하라"(고전 10:12) 했습니다. 사도 바울도 '선 줄 알았는데 넘어진' 경험을 했기에 이런 말씀을 한 것 아닙니까? '이제 되었다' 하는 순간 교만이 우리를 거꾸러뜨리는 것이 우리의 모습입니다.

우리는 이미 죄로부터 용서를 받았습니다. 이제 용서 받은 자로서 합당한 삶을 살아야 합니다. 이 과정을 '성화'(sanctification)라고 합니다. 그리고 이 '성화'의 과정이 끝난 뒤 장차 새 하늘과 새 땅에 들어가서 흰옷 입은 백성으로서 주님을 찬양하며 사는 것을 '영화'(glorification)라고 합니다. 우리가 영화롭게 되는 것입니다. 이 전 과정을 일컫는 것이 구원입니다.

그러니까 구원에는 과거, 현재, 미래의 세 가지 시제가 있습니다. 이중 성화는 아름다운 영광을 바라보며 우리의 '가치'에 합당한 삶을 살아가는 구원의 현재를 말합니다.

그리스도인은 예수님이 십자가에서 이루신 '이미'와 다시 오셔서 완성하실 '아직' 사이에서 '성화'의 삶을 사는 사람입니다. 그러나 성화를 도 닦는 정도로 이해한다면 오산입니다. 하나님 나라와 하나님의 통치를 거스르는 세상에서 우리가 '성화'된다는 것은 하나님의 자녀로서 하나님 나라를 매일 누리는 것이라고 할 수 있습니다. 성화는 '하나님의 소유됨'이며 하나님을 따라 '거룩해지는 것'입니다.

앞에서도 언급했지만, 제가 20일을 금식한 후 내 혀의 미각이 예민하게 살아나는 것을 경험했습니다. 조미료에 익숙했던 제 혀가 며칠간 음식을 금했더니 미각이 살아나서 음식의 재료 하나하나가 그렇게 맛있을 수가 없는 겁니다. 음식을 금한 이 20일이 미각이 성화되는 시간이라고 할 수 있습니다. 고통스러웠지만 진짜 맛을 알 수 있는 원래 미각으로 회복된 시간이었습니다. 성화의 길에 있는 우리의 신앙생활도 이와 같습니다.

어떻게 해야 성령을 받고 누릴 수 있을까?

Q 어떻게 하면 '성령'을 받을 수 있나요? 그리고 성령을 잘 누릴 수 있는 방법은 무엇인가요?

▲ 성령을 달라고 하면 주십니다. 우리에게 필요한 것이 성령이라는 사실을 누구보다 잘 아시는 주님이 우리가 달라는데 안 주실 리 없습니다. "구하라 그리하면 너희에게 주실 것이요 찾으라 그리하면 찾아낼 것이요"(마 7:7) 하셨습니다. 우리가 구하고 찾을 것은 성령님입니다.

"너희는 그 은혜에 의하여 믿음으로 말미암아 구원을 받았으니 이것은 너희에게서 난 것이 아니요 하나님의 선물이라"(엡 2:8). 구원, 영생, 성령은 사실 분리되어 있지 않습니다. 다 위로부터 임하는 것입니다. 오직 주님의 은혜로 받는 것입니다. 그런데 이 은혜는 믿음으로 받을 수 있습니다. 믿음의 두 손으로 받는 것입니다. 그렇게 믿음으로 받아 놓고 우리는 형편이 좋으면 '주셨네!' 하고 형편이 나쁘면 '안 주셨네' 합니다. 하나님은 변함이 없으신데 우리가 오락가락하는 겁니다.

성령을 선물로 받아 놓고 트렁크에 성령을 태우는 사람이 있습니다. 트렁크에 꼼짝도 못 하게 가둬 놓고 자기 혼자서 운전을 하는 겁니다. 트렁크는 아니지만 뒷자리나 옆자리에 태워 놓고 자기 마음대로 운전하는 사람도 있습니다. 그러다 사고 나면 "해결해 주세요" 하고 뒤늦게 성령님을 찾습니다. 원래 운전대를 잡으셔야 할 분은 성령님입니다. 성령님이 운전해야 우리 삶이 안전하게 목적지에 이를 수 있습니다. 성령 충만한 사람이란 핸들을 넘겨 드리고 운전석 옆자리에서 차창 밖 풍경을 음미하며 동행하는 순례자입니다.

운전을 맡겼더니 처음엔 내가 원하지 않는 길을 가서 당황할 수 있습니다. 혼란스러울 수도 있습니다. 하지만 이 혼란을 몇 번 겪고 나면 이게 확실한 길이라는 걸 알게 됩니다. 그분께 내 삶의 주도권을 맡기면 내가 생각한 것보다 훨씬 좋은 길을 만날 수 있습니다. 그러므로 운전석에서 손을 떼십시오. 손을 떼야 그분이 우리를 인도하실 겁니다. 그분의 인도를 받는 것이 그분과 깊이 사귀는 길이요, 깊은 유대와 친밀함으로 그분과 동행하는 길입니다.

지금도 병이 낫는 기적이 일어날까?

Q 우리나라 부흥의 초창기에는 앉은뱅이가 일어나고 불치병이 낫는 신유의 기적이 많이 일어난 걸로 알고 있어요. 그런데 지금은 왜 그때와 같은 기적이 일어나지 않는 걸까요?

▲ 지금도 기적은 일어나고 있습니다. 우리 교회에서도 목도 가누지 못하던 분이 휠체어에서 일어나 누구의 도움 없이 혼자 걸어가는 기적이 일어났습니다. 최근에도 췌장암 말기 판정을 받은 분이 교회가 함께 기도한 뒤 한 달 만에 완치 판정을 받았습니다. 그때나 지금이나 살아 계신 하나님을 증거하는 표적은 곳곳에서 일어나고 있습니다.

그러나 기적이 우리 신앙의 목적은 아닙니다. 하나님을 믿는 목적이 기적이어서는 안 된다는 겁니다. 연인 간에도 사랑하기 때문에 만나는 것이지 값비싼 선물을 원해서 만나는 것은 아니지 않습니까? 그런 관계를 사랑의 관계라고 할 수 없지요. 오래가지도 못합니다. 아이가 퇴근해서 돌아오는 아빠를 기다리는 게 아니라 아빠가 들고 온 선물이나 맛난 음식만을 기다리면 아빠 마음이 어떨까요? 물론 어린아이니까 그러려니 하고 넘어가지만, 성인이 되어서도 그러면 곤란합니다. 나

이를 먹고 성숙해진다는 건 아빠 손에 들린 선물이 아니라 아빠를 주목하고 사랑하는 것입니다.

신앙생활을 하다가 기적을 경험할 수는 있습니다. 하지만 그것이 전부가 되어서는 안 됩니다. 값없이 기적을 베푸시는 하나님을 아는 지식이 날로 커지는 것이 신앙생활입니다. 하나님의 사랑을 알고 그 사랑이 내 안에 차고 넘쳐서 그 사랑을 흘려보내는 데까지 자라는 것이 그리스도인의 신앙생활입니다.

사실 기적을 체험한 사람들이 모두 예수의 길을 걷는 그리스도인이 되는 건 아닙니다. 기적을 맛보고도 하나님을 부정하는 사람들이 있습니다. 기적은 우리의 영혼을 살찌우는 재료 중 하나일 뿐 전부는 아닙니다. 우리가 관심 가져야 할 것은 하나님이 은혜로 주신 기적이 아니라 하나님 바로 그분입니다. 하나님께서 주시고자 하는 영원한 생명을 우리가 더 갈망하지 않는다면 설혹 기적을 경험한다고 해도 하나님 나라와는 거리가 더욱 멀어질 것입니다.

예수님의 제자가 되는 세 가지 방법

Q 교회 역사 가운데 갈등과 분열이 계속 있었는데요, 흔들리지 않고 예수님의 온전한 제자가 되는 길은 무엇인가요?

▲ 예수님은 예수님의 제자가 되는 길을 세 가지로 말씀하셨습니다. 분명한 것은 장로가 되고 권사가 되고 목사가 되는 것이 예수님의 제자가 되는 길이 아니라는 겁니다. 어느 교단에 속하는 것이 그분의 제자가 되는 길이 아닙니다. 예수님은 요한복음에서 제자가 되는 길을 제시하셨습니다.

첫째, "너희가 내 안에 거하고 내 말이 너희 안에 거하면"(요 15:7) 제자가 된다고 하셨습니다. 말씀이 내 안에 있습니까? 말씀이 내 삶의 기준이고 능력입니까? 그렇다면 예수님의 제자로서 살고 있는 겁니다.

둘째, "아버지께서 나를 사랑하신 것같이 나도 너희를 사랑하였으니 나의 사랑 안에 거하라"(요 15:9) 하셨습니다. 주님의 사랑 안에서 서로 사랑하면 예수님의 제자입니다. 우리가 예수님의 제자라고 주장하지 않아도 세상 사람들이 예수님의 제자인 줄 알 것입니다.

셋째, "너희가 열매를 많이 맺으면 내 아버지께서 영광을 받으실 것이요 너희는 내 제자가 되리라"(요 15:8). 여기서 열매란 성령의 열매를 말합니다. '사랑, 기쁨, 화평, 오래 참음, 자비, 양선, 충성, 온유, 절제'가 그것입니다. 가정에서, 직장에서, 이웃 간에 이 열매를 많이 맺으면 우리는 예수님의 제자가 됩니다. 장로가 되고 권사가 되고 목사가 되는 것이 열매가 아니라 예수님을 닮은 성품이 곧 열매입니다. 전도 많이 하는 것이 열매가 아니라 예수님으로 인해 변화되어 내 삶에 나타난 증거가 열매입니다.

예수님의 제자는 세상의 빛으로, 소금으로 살게 됩니다. 그런데 우리는 자체로 빛을 낼 수 없습니다. 빛은 예수님이십니다. 우리는 그 빛의 반사체일 뿐입니다. 우리가 반사하는 그 빛을 보고 사람들은 우리가 예수님의 제자인지 아닌지 알아차립니다. 그래서 그리스도인은 감춰지지 않습니다.

교회가 갈등하지 않고 분열하지 않고 교회다우려면 Back to Basic, 본질로 돌아가야 합니다. 본질은 예수님입니다. 예수님이 생명이고 예수님이 길이며 예수님이 빛입니다. 예수님을 바라봐야만 우리가 교회다울 수 있습니다. 각 사람이 그리스도 안에서 함께 교회가 될 때 우리는 그리스도 안에서 형제요 자매가 될 것입니다. 그리고 그 교회는 당연히 하나님의 나라와 의를 먼저 추구할 것이고 그리스도의 능력으로 세상을 이길 것입니다.

7장

예수님을 어떻게 전해야 할까요?

_ 복음
_ 구원
_ 십자가

결코 값싸게 전할 수 없는 복음

● 복음서를 보면 예수님은 본인을 거부하는 자들을 따라가면서 설득하지 않고 듣는 자들에게 집중하시는 모습을 봅니다. 하지만 사랑이신 하나님을 생각할 때 또 모든 영혼이 돌아오기를 바라시는 아버지를 생각하면 주위에서 거부하는 친구들을 붙잡게 되고 오히려 그들에게 집중하게 됩니다. 이게 혹시 제 욕심인 건지 헷갈립니다.

▲ 복음은 값싸지 않습니다. 예수 믿는 것, 그렇게 간단한 일이 아닙니다. 믿는다는 건 내 목숨을 거는 일입니다. 예수를 믿기로 하는 건 그렇게 쉽게 결정할 일이 아닙니다. 또 그래서도 안 됩니다. 예수만 영접하면 무슨 좋은 일이 일어나는 것처럼 말해서도 안 됩니다. 사실 그때부터 고난이 시작될 수 있지 않습니까? 나부터 복음을 제대로 알아야 하고 굳건한 믿음으로 각오하고 복음을 전해야 합니다.
복음이란 무엇입니까? 진리가 우리를 자유롭게 하는 것입니다. 만사가 형통하리라는 것이 복음이 아닙니다. 내가 말씀으로 자유로운 삶을 살아 낼 때 나 자신이 복음의 증인이 됩니다. 사실 말보다 이것이 더 울림이 큽니다. 그래서 복음을 전

하기 전에 내가 복음을 무엇으로 이해하고 있는지, 진정 복음으로 살고 있는지를 점검해 보아야 합니다.

또 한 가지, 영접기도에 대한 오해를 말하고 싶습니다. 많은 그리스도인이 영접기도를 하면 복음이 전해졌다고, 믿음이 그 사람 안에 선물로 주어졌다고 생각합니다. 하지만 입으로 고백해도 마음으로는 복음을 받아들이지 않았을지 모르고, 입으로 고백하지 않았어도 이미 마음으로 복음을 받아들였는지 모릅니다. 사실 아리마대 요셉처럼 예수님을 직접 따라다니는 제자는 아니었지만 이미 그리스도인으로 사는 사람이 있었습니다. 영접기도를 했다고 해서, 세례를 받았다고 해서, 교회에서 직분을 받았다고 해서 그것이 믿음의 척도가 되는 것은 아닙니다.

이 시대가 점점 더 악해져서 복음을 전하기가 어렵습니다. 입으로 무슨 말을 해도 믿지 않는 시대가 되었습니다. 주변의 믿지 않는 사람들에게 복음을 전하고 싶다면, 먼저 삶으로 복음을 증거하기 바랍니다. 내 삶이 복음의 증거가 되어야 복음이 전해집니다. 그것이 주님이 가르쳐 준 내 이웃을 사랑하는 길입니다.

일상에서 예수님을 어떻게 전해야 할까?

Q 주변 사람들한테 전도하고 싶지만, 내 모습이 예수님처럼 변화되어서 전도하는 건 너무 어렵습니다. 그렇다면 말로 전도하는 것마저도 불필요한 것일까요?

▲ 지금 전도하지 않는 사람은 나중에도 전도 못합니다. 어디서나 전도는 가능합니다. 전도란 내 삶의 태도가 변증적이 되었다는 것을 의미합니다. 내 삶이 이 세상에 대해 고발하고 있다는 겁니다. 다시 말해, 세상이 기준 삼는 효율성, 경제성 등을 버리고 비효율적인 삶을 산다는 것입니다. 누군가 아플 때 곁을 지켜 주고 누군가 도움을 청할 때 시간을 내어 주는 비효율적인 삶의 방식과 태도가 곧 전도입니다.

부모는 자녀를 어떻게 전도합니까? 같이 있어 주는 겁니다. 같이 있으므로 가치 있는 자녀를 만드는 게 전도입니다. 같이 있지 않으면서 돈 주고 학원 보내고 좋은 대학을 보낸다고 해서 자녀가 그리스도인이 되지 않습니다. 예수님도 우리 곁에 있기 위해서 하늘을 버리고 오셨습니다. 강도 만난 자 곁에 있어 주려고 이 땅에 오신 겁니다. 이것이 곧 전도입니다.

'전도' 하면 마치 내가 누군가에게 '도'를 가르쳐야 하는 것처럼 생각하지만, 그리스도인의 전도는 예수님을 소개하는 겁니다. 내가 예수님 수준으로 성숙하지 않아도, 예수님을 소개할 수 있습니다. 예수님을 사랑하면 누군가에게 예수님을 소개할 수밖에 없습니다. 내가 사랑하는 예수님을 소개하고 싶어서 안달하는 것이 전혀 이상한 일이 아닙니다. 사랑은 숨길 수가 없습니다. 내가 예수님과 깊은 사랑의 관계를 누리고 있다면 전도는 저절로 일어납니다. 또한 주님 때문에 변한 흔적이 내 삶에 새겨져 있으면 저절로 전도가 됩니다.

여러분이 성공하면 성공할수록 주변 사람들이 시기하고 질투할 것입니다. 하지만 쫄딱 망했는데도 늘 웃고 다닌다면 왜 저러나 싶어서 궁금하게 여길 것입니다. 예수님이 "내 기쁨이 너희 안에 있어 너희 기쁨을 충만하게 하려 함이라"(요 15:11) 하셨으니 우리 얼굴이 늘 밝을 수밖에 없지 않습니까? 이를 보고 궁금해하는 사람들에게 대답하는 것이 전도입니다. 세상이 가치 있다 하는 것에 관심이 없고 그보다 더 높은 가치를 추구하고 실현하는 것이 전도입니다. 사람들이 어떻게 저토록 자유로울 수 있는지 궁금해하는 것, 그것이 전도입니다.

다가갈수록 그가 나를 피하는 이유

Q 회사의 믿지 않는 팀장을 전도하려고 노력하면 할수록 그 팀장은 저를 더욱 피하고 멀리합니다. 기다리면서 기도해야 할까요, 포기해야 할까요?

▲ 우리가 착각하는 것이 하나 있습니다. 주님은 우리에게 서로 사랑하라고 하셨습니다. 사랑하지 않으면서 전도만 하라고 하시지 않았습니다. 질문자는 팀장을 사랑하십니까? 그를 사랑해서 하는 일이 있습니까?

팀장을 사랑한다면 그의 영혼을 위해 기도해야 합니다. 한 달만 그 영혼을 위해 매일 아침 기도해 보십시오. 그 영혼이 안타까워서 눈물을 흘리게 되고 마음이 아려서 통곡하게 될 것입니다. 그러면 놀랍게도 나를 그렇게 피하던 그 사람이 제 발로 내게 다가옵니다. 내가 진실로 사람을 사랑하면 저절로 전도가 됩니다. 존재 자체가 사랑으로 바뀌면 그 존재 주변이 바뀝니다.

"너희가 내 말에 거하면 참으로 내 제자가 되고 진리를 알지니 진리가 너희를 자유롭게 하리라"(요 8:31-32).

하나님의 말씀이 내 안에 거할 때 우리는 참 제자가 됩니다.

"서로 사랑하라 내가 너희를 사랑한 것같이 너희도 서로 사랑하라 너희가 서로 사랑하면 이로써 모든 사람이 너희가 내 제자인 줄 알리라"(요 13:34-35).

내가 주님의 제자라는 사실을 사람들이 알아차리려면 사랑해야 합니다. 복음을 전한다고 그들이 나를 주님의 제자로 인정해 주지 않습니다. 특히 오늘날 말로만 전하는 복음은 사람들에게 아무런 감동을 주지 않습니다. 지금은 말하면 말할수록 거리를 두려고 할 것입니다.

한편, 전도는 내가 하는 것이 아니라는 걸 아시기 바랍니다. 내가 뭘 할 수 있겠습니까? 내가 품고 기도하는 그 사람을 변화시켜 복음을 듣게 하시는 이는 주님입니다. 우리는 다만 마음을 다해 주님을 사랑하면 됩니다. 그러면 주님이 복음을 전하시고 주님이 친히 그를 변화시킬 것입니다. 우리는 주님의 입술이요 손과 발의 노릇을 할 뿐입니다.

예수님은 열두 제자를 교실에 앉혀 놓고 말씀을 가르치시지 않았습니다. 다만 그들과 삶을 나누셨습니다. 40일 성경 공부 같은 훈련은 필요하나 사랑이 없는 훈련은 머리만 키울 뿐입니다. 죄인인 우리를 먼저 사랑하기로 하신 예수님을 따라 우리도 먼저 사랑하기를 힘써야 합니다. 그럴 때 그 영혼이 변화할 것입니다.

믿지 않는 남편, 어떻게 교회로 데려올 수 있을까?

Q 무신론자인 남편을 어떻게 하면 교회에 데리고 나올 수 있을까요?

▲ 교회에 데려오는 것, 중요합니다. 하지만 그게 본질은 아닙니다. 본질은 예수님을 만나는 겁니다. 그걸 도와주는 게 우리가 할 일입니다. 제 아내는 13년간 저에게 교회 가자고 하지 않았습니다. 그저 기도하며 기다렸습니다. 제가 교회 가지 못하게 해서 몇 년간 교회 나가지 못한 적도 있습니다. 매일 술 먹고 들어오면 옷 벗겨 주고, 따뜻한 물로 발도 씻어 주고, 새벽 두세 시에 사람들 끌고 와도 술상 차려 주고… 정말이지 아내가 인내하며 수고한 세월이 길었습니다. 아내의 인내 덕분에, 아내의 섬김 덕분에 제가 예수님을 만날 수 있었습니다. 가족 전도는 정말 힘든 일입니다.

소천하신 하용조 목사님이 어느 주일에 드라마 〈허준〉을 챙겨 보신다면서, "허준이란 사람의 생애에서 예수님이 보인다"고 하셨습니다. 진정한 그리스도인은 그의 삶에서 예수님이 보여야 합니다. 누가복음에서 예수님은 비유를 통해 강도 당한 사람의 이웃은 이방인인 사마리아인이라고 하셨습니다. 생명이 위험에 처한 사람을 돌보는 사마리아인에게서 우리는 예수님의 사랑을 만날 수 있습니다.

남편을 교회에만 데려오지 말고 남편이 예수님을 만나도록 도와주시기 바랍니다. 그러려면 많이 인내하고 견디고 섬겨야 합니다. 질문자의 삶에서 남편이 예수님을 발견할 수 있어야 합니다. 어떻게 나 같은 사람 떠나지 않고 사랑하며 섬겨 줄 수 있을까 고개를 갸웃거리다 어느 날 불쑥 얘기할 것입니다. "나 오늘 당신 나가는 교회 한번 가보겠소." 믿음과 인내는 반드시 길을 냅니다. 기적은 불가능해야 일어납니다.

하나님을 만나고 싶다면 절대 놓치지 말아야 할 것

Q 저도 하나님을 만나고 싶어요. 어떻게 하면 하나님을 만날 수 있는지 알려 주세요.

▲ "구하라 그리하면 너희에게 주실 것이요 찾으라 그리하면 찾아낼 것이요 문을 두드리라 그리하면 너희에게 열릴 것이니"(마 7:7). 성경 말씀 그대로입니다. 간절함이 구할 바를 구하게 할 것입니다.

하나님을 어떻게 만날까요? 이것도 말씀 그대로입니다. "태초에 말씀이 계시니라 이 말씀이 하나님과 함께 계셨으니 이 말씀은 곧 하나님이시니라"(요 1:1). 말씀을 자꾸 읽다 보면 하나님이 느껴지고 하나님이 내 안에 계시다는 것이 믿어지는 때가 옵니다. 말씀이 내 안에 충만하게 차고 넘치면 때를 따라 내게 필요한 말씀이 기억나고 그 말씀이 나를 주관하여 이끄는 것을 경험하게 됩니다. 이것이 하나님을 만나는 것이며, 하나님을 믿고 사는 삶입니다.

눈에 보이지 않는 하나님을 눈으로 보고 싶어 하는 것, 이것은 잘못하면 영적 체험에 의지하는 신앙생활이 될 수 있습니다. 물론 영적 체험이 무의미하다는 게 아닙니다. 영적 체험도 분명히 우리의 믿음을 성장시키는 요소입니다. 그러나 그것이 말씀을 앞서서는 안 됩니다. 사실 영적 체험은 모든 종교에 있습니다. 그래서 이 영적 체험에 집착하면 말씀과 상관없는 길로 갈 수 있습니다. 말씀을 앞서는 영적 체험은 어떤 영을 끌고 들어올지 알 수 없습니다. 더러운 영, 악한 영이 여러분을 점령할 수도 있습니다.

"누구든지 하나님을 사랑하노라 하고 그 형제를 미워하면 이는 거짓말하는 자니 보는 바 그 형제를 사랑하지 아니하는 자는 보지 못하는 바 하나님을 사랑할 수 없느니라"(요일 4:20).

더러운 영, 악한 영에 사로잡히면 보이는 형제는 미워하면서 보이지 않는 하나님을 사랑한다고 말합니다. 여러분 모두 성경을 부지런히 읽고 묵상하고 먹다가 하나님을 만나기를 권면합니다.

극적으로 하나님을 만나고 싶어요

Q 어떻게 하면 저도 목사님처럼 극적으로 하나님을 만나는 경험을 할 수 있을까요?

▲ 먼저 저처럼 절대로 안 만나기를 바랍니다. 가진 거 다 까먹고 입이 두 번 돌아가고 죽다가 살아나고 응급실에 여러 번 실려 가고… 저는 시궁창에서 살다가 빛을 만났습니다. 저는 여러분이 그냥 일상의 삶에서 부드럽게 예수님을 만날 수 있기를 바랍니다. 성령 세례도 뜨겁게 받고 싶다는 사람이 있는데, 그 사람의 체질에 맞게 받습니다. 불의 혀같이 갈라진 성령이 임해도 태산처럼 조용할 수 있고, 세미한 음성으로 임해도 천둥처럼 복음을 선포할 수도 있습니다. 하나님을 내 편견에 가두지 말고, 성령님을 내 생각으로 제한하지 않기를 바랍니다.

하나님은 그 사람에게 꼭 필요한 때에 만나 주십니다. 내 옆에 있는 배우자가 최상의 배우자입니다. 하나님께서 내게 가장 필요한 사람을 주신 겁니다. 이것을 믿어야 합니다. 각자에게 필요한 때 만나 주시고 필요한 사람을 주시는 줄 믿으시기 바랍니다. 하나님은 우리에게 가장 좋은 때, 가장 좋은 방법으로 만나 주십니다. 주님이 나와 함께하시며 최선의 삶으로 이끄신다는 것을 믿고 한 걸음 한 걸음 나아가다 보면 주님이 원하시는 곳으로 우리를 이끌어 가실 것입니다. 그게 순교의 자리일 수도 있고, 선교지일 수도 있고, 집일 수도 있고, 직장일 수도 있습니다. 어떤 분은 30대에 순교하지만 어떤 분은 백네 살에 순교하기도 합니다. 모든 것은 주님이 정하십니다.

왜 예수님은 미련한 십자가를 택하셨을까?

● 예수님이 십자가에서 내려와 능력을 보여 주셨으면 많은 사람이 복음을 믿었을 텐데, 왜 어렵고 미련한 방법인 십자가를 택하신 걸까요?

▲ 그러면 매우 효율적일 것 같습니다. 예수님이 부활하셔서 대형 집회 한번 열고 다시 살아났다고 하면 끝날 것 같습니다. 그런데 예수님은 놀랍게도 부활하신 후에 십자가형을 모의한 사람들한테는 가지 않으셨습니다. 그랬다면 심장마비로 여러 사람 죽었을 겁니다. 예수님은 꼭 필요한 사람들한테 찾아가셨습니다. 참된 믿음은 강제와 강압으로 생기지 않습니다. 참된 믿음은 두려움에서 생기지 않습니다. 믿음은 자발성에서 생깁니다. 믿음은 기쁨에서 생깁니다. 그런 믿음이라야 구원에 이르기 때문에, 그런 믿음이라야 부활 생명을 값없이 받기 때문에, 예수님은 가장 비효율적이고 미련한 방법을 택하신 겁니다.
구원을 어떻게 받습니까? 믿음이 아니고서는 받을 수 없습니다. 어떻게 거듭납니까? 믿음이 아니고서는 거듭날 수 없습니다. 뭘 믿습니까? 들은 말씀을 믿습니다. 믿음은 보지 않

고 믿는 것입니다. 단순히 본다고 해서 믿음이 생기지 않습니다. 우리는 들었을 뿐인데 보지 않고도 믿습니다. 십자가의 죽음과 부활의 영광이 이 믿음 사건과 연결될 때 우리는 구원을 얻고 거듭나 영생을 살게 됩니다.

천국은 어디에 있나요?

● 하나님은 시간과 공간을 초월하시는 분이라고 하잖아요. 그렇다면 천국은 어디에 있는 건가요?

▲ "여기 있다 저기 있다고도 못하리니 하나님의 나라는 너희 안에 있느니라"(눅 17:21).

하나님 나라는 장소가 아닙니다. 3차원의 장소로 접근해선 설명할 수가 없습니다. 1차원은 2차원에 포함되어 있지만, 1차원은 그 사실을 알지 못합니다. 1차원에서 2차원으로 넘어가려면 '무한'의 세계를 통과해야 합니다. 점에서 선이 되려면 무한대의 점이 이어져야 하고, 이 선이 무한대로 펼쳐져야 면이 생깁니다. 우리는 시간과 공간이 한계가 있는 3차원에 살고 있습니다. 3차원에서 4차원으로 가려면 마찬가지로 무한대를 통과해야 합니다. 과학자들은 8차원, 11차원까지 거론하고 있습니다.

3차원에서 시간은 과거와 현재, 미래로 흘러가는 것으로 인식되지만, 상위 차원에서는 과거와 현재, 미래가 동시에 일어난다고 합니다. 이해하기 어렵습니다. 그래서 우리가 하나님을 다 알 수가 없는 것입니다. 다만 하나님이 창조하신 세계와 나를 통해 조각 맞추기처럼 추론하고 상상할 수 있을 뿐입니다. 신앙은 이것을 인정하는 데서부터 출발합니다. 내가 이해할 수 없는 절대자의 세계가 있다는 것을 인정하는 겁니다. 이 사실을 인정하지 않는 한 신앙은 한 걸음도 앞으로 나아갈 수 없습니다.

'영원'은 시간의 시작과 끝을 이을 수 없는 상태로 '시간 밖에 있다'는 의미입니다. 우리의 시간은 태양의 자전과 공전을 기준으로 개념화한 것인데, 태양계 바깥으로 나가면 이 시간 개념이 아무 의미가 없습니다. 지구 나이가 53억 년이라 하지만 시간 밖에서는 이런 것이 아무 의미가 없는 겁니다. 사실 동시대를 살아도 나라마다 다른 시대를 살아가는 것을 봅니다. 2천 년대에 19세기를 살아가는 나라도 있지 않습니까?

영원하신 하나님의 관점에서 우리의 시간은 정지된 것과 같습니다. 그래서 성경은 "주께는 하루가 천 년 같고 천 년이 하루 같다"(벧후 3:8)고 말씀합니다. 하나님이 "하루만 더 참자" 하시면 천 년이 흘러가는 겁니다. 이 관점에서 보면 겨우 80~100년을 사는 우리 인생은 1분 1초도 안 되는 한 점과 같습니다. 저는 우리 인생이 '포말로 존재하는 시간' 같다고 생각합니다. 그러니 이 짧은 시간에 우리가 할 일은 사랑하는 것밖에 없습니다. 좀 더 좋은 집에서 살면 뭐 하고 좀 더 공부를 잘하면 뭐 하겠습니까? 좋은 집, 좋은 성적 얻으려고 생명을 갉아먹는다면 그보다 어리석은 일이 없습니다.

예수님이 말씀하신 '하나님 나라가 우리 안에 있다'는 것을 깨닫기를 바랍니다. 예수님이 하나님 나라를 가져오셨습니다. 육신을 가진 우리는 그 나라에 갈 수 없지만, 하나님 나라가 우리 안으로 뚫고 들어올 수는 있습니다. 예수님은 또한 "세례 요한의 때부터 지금까지 천국은 침노를 당하나니 침노하는 자는 빼앗느니라"(마 11:12) 하셨습니다. 하나님 나라를 볼 수는 없지만 그 안으로 쑥 들어갈 수는 있다는 겁니다. 믿음으로!

'마지막 때'란 언제일까?

● 저는 초신자입니다. 요즘이 마지막 때라는 말을 많이 들었는데 마지막 때란 무엇을 의미하는지 궁금합니다.

▲ 예수님이 이 땅에 오심으로 종말이 시작되었다는 것이 신학적인 입장입니다. "하나님이 그 아들을 세상에 보내신 것은 세상을 심판하려 하심이 아니요 그로 말미암아 세상이 구원을 받게 하려 하심이라"(요 3:17) 했기 때문입니다. 구원은 종말의 실현 가운데 있습니다. 예수님이 값없이 베푼 구원을 거절하는 것 자체가 심판을 자초하는 행위입니다.
요한계시록은 지구적 종말을 예언하고 있습니다. 지구적 종말이 오면 예수님이 재림하십니다. 예수님이 아직 재림하시지 않았기 때문에, 종말은 시작되었지만 아직 종결된 것은 아닙니다. 이미(already) 왔지만 아직 오지 않은(but not yet) 것입니다. 우리는 '이미'와 '아직' 사이에서 살아가고 있습니다.
우리는 예수님이 오셔서 십자가를 지심으로 말미암아 죄에 대해서는 죽고 그리스도의 생명으로 거듭난 사람들입니다. 그런 의미에서 우리는 이미 개인적인 종말을 경험한 사람들입니다.

그러나 종말론에 대한 비성경적 주장과 억측을 경계해야 합니다. 숱한 이단들이 종말론을 근거로 성도들의 삶을 피폐하게 만들었습니다. 종말의 시간을 예언하고 당장 우리 삶의 터전을 부인하라고 강요합니다. 마지막 시대는 시작되었고 그 끝이 가까워지고 있지만 종말의 때는 누구도 알 수 없습니다. 예수님은 그 시간은 오직 아버지만이 아신다고 말씀하셨습니다(마 24:36). 따라서 우리는 종말의 때를 알고자 할 것이 아니라 마지막 시대를 긴박감으로 살아가는 데 마음을 쏟아야 합니다.

누가복음 12장에서 예수님은 곳간을 늘려 짓는 부자를 비유로 말씀하시면서 "오늘 밤 너를 데려가면 너의 모든 소유가 누구의 것이 되겠느냐"고 물으십니다. 사실 마지막 시대를 살아가는 삶의 기준은 우리가 이미 영생을 살고 있다는 믿음입니다. 내가 이미 아버지의 집에 거하고 있다면 이 땅의 것들을 어떻게 대하고 어떻게 쓸 것인지 바른 답을 할 수 있습니다. 그렇습니다. 지금이 마지막 때임을 알면 그만큼 지혜로워질 수 있습니다.

하나님 만나고 달라진 삶, 계속 유지할 수 있을까?

Q 하나님을 만난 후 술을 끊고 새벽 기도를 하고 성경을 읽고 있습니다. 이제 6개월째인데 처음 느끼는 행복감에 젖어 있습니다. 그런데 과연 제가 평생 이렇게 살 수 있을까 하는 의문이 듭니다. 그렇게 하지 못할까 봐 겁도 납니다.

▲ 지금은 연애하는 것과 같은 상태라고 보면 됩니다. 누군가를 사랑하면 처음엔 무조건 빠져듭니다. 그러다 어느 순간 정신이 들면 그동안 약간 맛이 갔었구나 하고 깨닫게 됩니다. 지금까지 경험해 보지 못한 행복감이라 잠시 정신을 놓은 겁니다. 그런데 걱정하지 않아도 됩니다. 성령의 터치를 받고 결핍이 채워지는 경험을 하고 나면 그 만족감은 어떤 것으로도 채워지지 않는다는 걸 알게 됩니다. 그러면 그걸 놓치고 싶지 않습니다. 마약이 무서운 게 한번 걸려들면 빠져나오기가 너무 힘들어서이지 않습니까? 마약보다 강한 것이 구약 신약이라는 말이 있습니다. 말씀 세례, 성령 세례보다 강한 터치는 없습니다. 그 외에 어떤 것으로도 이제 만족할 수 없습니다.

더구나 질문자는 지금 매일 새벽 기도를 드리고 말씀을 읽고 있습니다. 일용할 양식을 날마다 먹고 있는 겁니다. 날마다 그 달콤한 신비함을 맛보는데 어떻게 그 맛을 잊을 수 있겠습니까? 주님의 충만함은 다함이 없습니다. 앞으로 30년, 50년이 지나도 일용할 양식을 공급하실 것입니다. 주님의 충만함을 믿으시기 바랍니다.

저는 신학대학원을 다니면서 얼굴에 마비가 왔습니다. 입이 다물어지지 않으니까 침을 질질 흘리는 지경이 되었습니다. 그때 제 아내가 물었습니다. "당신, 예수님 따르겠다고 세상일 다 내려놓더니 얼굴이 이 모양이 되었는데도 뭐가 그렇게 좋아?" 저의 대답은 이랬습니다. "예수님을 앎으로써 알게 된 이 기쁨은 세상에 있는 그 무엇과도 바꿀 수가 없어. 난 지금 죽어도 괜찮아."

주님이 주시는 기쁨은 세상이 줄 수 없는 기쁨입니다. 어떤 금은보화도 이 기쁨을 이기지 못합니다. 이 기쁨을 날마다 경험하시기를 축복합니다.

예수님께서 우리를 자유케 하신 세 가지

● 예수님이 이 땅에 오셔서 우리를 자유롭게 하신 것이 무엇인가요?

▲ 예수님은 우리에게 세 가지 자유를 주셨습니다. 첫째는 성전으로부터 자유입니다. 예수님이 예언한 대로 성전은 다 무너졌습니다. 하나님께서 떠난 성전은 더 이상 성전이 아닙니다. 성령이 임한 우리 몸이 곧 성전입니다. 성전은 거룩한 곳입니다. 그러니 우리가 곧 거룩한 성전입니다. 이렇게 거룩해진 하나님의 자녀가 모인 곳이 교회입니다. 교회는 건물이 아니라 하나님의 백성이 모인 곳입니다. 집에서 모이면 집이 교회이고 사무실에서 모이면 거기가 교회입니다. 교회는 성전으로부터 자유로운 공동체입니다.

둘째, 예배라는 의식으로부터 자유입니다. 예수님은 예배란 "in spirit and truth"(요 4:23)라고 가르쳐 주셨습니다. 성령 안에 있는 것이 곧 예배이며 진리 안에 있는 것이 곧 예배입니다. 의식이나 예전, 절차를 예배라고 생각하지 마십시오. 초대교회는 오늘날 우리가 드리는 예배 형식에 매여서 예배드리지 않았습니다. 예배의 본질은 예루살렘 성전의 제사도 아니고 그리심 산당의 제사도 아닙니다. 의식과 형식으로부터 자유로운 거룩함입니다. 그리스도 안에, 성령 안에 있지 않으면 어디서 무슨 행위를 해도 예배일 수 없습니다.

셋째, 제사장으로부터 자유입니다. 성전도 제사도 폐하셨는데 제사장이 왜 필요합니까? 왜 종교 개혁 이후를 만인제사장 시대라고 표현하겠습니까? 십자가에서 다 이루셨다고 선포하신 것은 이제는 누구나 하나님을 아버지라고 부르며 언제든지 아버지께 나아갈 수 있게 되었다는 의미입니다. 이런 종교가 어디 있습니까? 이게 어떻게 종교가 될 수 있습니까?

이렇듯 예수님은 우리를 성전과 제사와 제사장으로부터 자유케 하셨습니다. 성전과 제사와 제사장은 모든 종교에 반드시 있어야 할 필수 요소입니다. 복음은 따라서 종교로부터 자유입니다. 죄와 죽음의 비즈니스로부터 자유입니다. 값없이 의롭다 하시고 죽음을 이기신 예수님은 우리를 사탄의 전문 영역인 종교로부터 해방시켜 주셨습니다.

깊은 사랑을 알면 할 수 있는 것

Q 하나님의 사랑을 진정으로 깨닫는다면 그 사랑이 우리 삶에서 어떻게 드러나나요?

▲ 사랑하면 눈이 열리고 귀가 열립니다. 평소 보지 못하던 것을 보게 되고 평소 무심하게 지나친 소리가 들리게 됩니다. 사랑하면 멈추게 되고 주목하게 되고 생각하게 되고 그 사람 안으로 들어가게 되고 그 사람과 하나가 됩니다. 예수님은 우리 모두에게 서로 사랑하라고 당부하시면서 내가 너희를 사랑한 것같이 사랑하라고 하셨습니다.

예수님의 사랑은 사람을 사랑하시되 끝까지 사랑하신 사랑입니다. 예수님의 사랑은 실수할 것을 알고 사랑하신 사랑이고, 배신할 것을 알고 사랑하신 사랑이고, 예수님을 부인할 것을 알고 섬겨 주신 사랑입니다. 우리가 필요해서 사랑하신 것도 아니고, 우리가 자격이 되어서 사랑하신 것도 아니고, 다만 우리에게 당신이 필요하기 때문에 사랑하기로 결정하셨고, 대신 죽기로 작정하셨습니다.

사랑은 손해 보기로 결정하는 것입니다. 그래서 사랑은 가성비를 따지지 않습니다. 효율성에 눈을 감습니다. 사랑은 나보다 남을 낫게 여기는 마음입니다. 그래서 내 입장에서 생각하지 않습니다. 언제나 상대방 입장에서 생각합니다. 누군가를 도울 때도 돕는다는 생각이 없습니다. 사랑은 도움을 주는 것이 아니라 단지 삶을 나눌 뿐입니다. 그래서 사랑은 돕고도 미안합니다. 돕고 티를 내는 법이 없습니다.

이철환 작가의 '못난이 만두 이야기'라는 짧은 글이 있습니다. 만둣집 주인이 아버지를 여의고 아픈 어머니와 사는 가난한 아이를 위해 일부러 만두를 터지게 만들고는 "오늘도 만두가 터져서 팔 수가 없네. 얘야, 이거 가져가" 합니다. 제대로 된 만두를 주고 싶지만 아내의 눈치가 보여 일부러 못난이 만두를 만드는 겁니다. 사랑은 이런 겁니다. 아내의 마음이 상하지 않게 하는 동시에 아이의 자존심도 지켜 주는 것, 상대를 배려하는 것입니다.

그리스도인은 못난이 만두를 만드는 사람 같아야 합니다. 멀쩡한 만두로만 섬길 수 있는 것은 아닙니다. 더 좋은 만두를 만들어 값비싸게 많이 팔아서 번 돈으로 선행을 베풀 수도 있지만 그렇게까지 하지 않아도 됩니다. 터진 만두를 만들어 허기진 이웃 한 사람을 섬기는 마음은 낮은 마음이고 가난한 마음입니다. 그리스도인의 사랑은 이 마음에서 흘러내리는 생명수입니다. 메마른 세상이 이 깊은 사랑에 젖을 수 있으면 좋겠습니다.